Contratos Públicos
e Direito Privado

Contratos Públicos e Direito Privado

INTERPRETAÇÃO, PRINCÍPIOS E INADIMPLEMENTO

2016

Kleber Luiz Zanchim

CONTRATOS PÚBLICOS E DIREITO PRIVADO
INTERPRETAÇÃO, PRINCÍPIOS E INADIMPLEMENTO
© Almedina, 2016

AUTOR: Kleber Luiz Zanchim
DIAGRAMAÇÃO: Almedina
DESIGN DE CAPA: FBA
ISBN: 978-858-49-3139-2

Dados Internacionais de Catalogação na Publicação (CIP)
(Câmara Brasileira do Livro, SP, Brasil)

Zanchim, Kleber Luiz
Contratos públicos e direito privado :
interpretação, princípios e inadimplemento /
Kleber Luiz Zanchim. -- São Paulo : Almedina,
2016.
Bibliografia
ISBN 978-85-8493-139-2
1. Contratos administrativos 2. Direito privado
3. Direito público I. Título.

16-03530   CDU-34

Índices para catálogo sistemático:
1. Direito 34

Este livro segue as regras do novo Acordo Ortográfico da Língua Portuguesa (1990).

Todos os direitos reservados. Nenhuma parte deste livro, protegido por copyright, pode ser reproduzida, armazenada ou transmitida de alguma forma ou por algum meio, seja eletrônico ou mecânico, inclusive fotocópia, gravação ou qualquer sistema de armazenagem de informações, sem a permissão expressa e por escrito da editora.

Junho, 2016

EDITORA: Almedina Brasil
Rua José Maria Lisboa, 860, Conj.131 e 132, CEP: 01423-001 São Paulo | Brasil
editora@almedina.com.br
www.almedina.com.br

APRESENTAÇÃO

Este novo livro de Kleber Zanchim – professor e advogado que sabe aliar talento a experiência – trata, de forma direta e muito concreta, de enfrentar um importante problema jurídico brasileiro: o de se haver construído um muro entre os contratos da administração pública e o direito contatual comum.

Tudo começou com um exagero da doutrina que, partindo de fato certo – a prática contratual no campo estatal por vezes envolve peculiaridades – acabou por sugerir uma quase autonomia do contrato administrativo. Essa ideia foi depois se radicalizando no cotidiano da administração pública, por influência de visões estatistas, e mesmo autoritárias, que procuravam fragilizar a posição jurídica dos contratantes privados (a pretexto de preservar interesses maiores) e também diminuir o espaço da consensualidade na execução contratual (pelo temor de captura dos agentes públicos por interesses menores).

O resultado tem sido ruim, pois as relações contratuais com a administração pública acabaram desequilibradas no Brasil, afugentando muitas das empresas nacionais e estrangeiras que poderiam trazer mais competição e qualidade à esfera pública.

A legislação tem tentado de algum modo reagir a esse estado de coisas, construindo um direito administrativo plural, mas esbarra todo o tempo na resistência dos essencialistas, para quem o público é o oposto do privado. Kleber Zanchim chama atenção para essas normas legais, e mostra seu sentido e justificação. Esta frase simples, mas muito expressiva, talvez resuma o ótimo achado que dá forma ao livro: insistir em que "existe mais espaço para o direito privado do que para o direito público nos contratos da Administração". Em outros termos: no âmbito contratual, interesses públicos se realizam melhor com consenso, equilíbrio e variedade do que com inflexibilidade, autoridade e tipicidade.

É uma verdade que vale um livro.

CARLOS ARI SUNDFELD
Professor Titular da FGV DIREITO SÃO PAULO
Presidente da Sociedade Brasileira de Direito Público – sbdp

SUMÁRIO

INTRODUÇÃO	9
CAPÍTULO 1 – INTERPRETAÇÃO DOS CONTRATOS	**17**
1.1. Normas de interpretação dos contratos	18
1.1.1. Estado consumidor?	21
1.1.2. Artigo 111 do Código Civil	23
1.1.3. Artigo 112 do Código Civil	27
1.1.4. Artigo 113 do Código Civil	32
1.1.5. Artigo 114 do Código Civil	35
1.1.6. Artigo 423 do Código Civil	38
1.2. Conclusão	41
CAPÍTULO 2 – BOA-FÉ, EQUIÍBRIO E FUNÇÃO SOCIAL DOS CONTRATOS	**43**
2.1. Boa-fé	44
2.2. Equilíbrio	51
2.3. Função Social	58
2.4. Conclusão	62
CAPÍTULO 3 – INADIMPLEMENTO DAS OBRIGAÇÕES CONTRATUAIS	**65**
3.1. Inadimplemento e boa-fé	65
3.2. Inadimplemento e equilíbrio contratual	68
3.3. Inadimplemento e função social do contrato	72
3.4. Conclusão	74

CAPÍTULO 4 – ENSAIO SOBRE O NÍVEL DE INFLUÊNCIA
DO DIREITO PRIVADO NOS CONTRATOS PÚBLICOS ... 77
4.1. Contratos 8.666 ... 79
4.2. PPPs ... 83
4.3. Concessão Comum e Concessão Subvencionada ... 86
4.4. Concessão Urbanística ... 89
4.5. Conclusão: Contratos Públicos e Contratos Privados do Estado ... 91

REFERÊNCIAS ... 95

INTRODUÇÃO

Em determinada concessão rodoviária montou-se a estrutura contratual tradicional desse tipo de empreendimento: (i) contrato de concessão, firmado entre o Poder Concedente e a sociedade de propósito específico ("SPE") formada pelos licitantes vencedores e (ii) contrato *Engineering, Procurement and Construction* ("EPC"), firmado entre a SPE e um consórcio construtor.

O contrato de concessão atribuiu à concessionária SPE a obrigação de realizar a obra, alocando-lhe uma série de riscos correspondentes, e o direito de cobrar o pedágio a partir do início da operação da infraestrutura. Os riscos da obra são os comuns em concessões, relativos a (i) elaboração e desempenho dos projetos básico e executivo, (ii) obtenção de licenças de instalação e operação, (iii) financiamento, (iv) custos de materiais e insumos e (v) prazo. Com o Poder Concedente ficaram também riscos usuais como (i) desapropriação e liberação de frentes de obra, (ii) interferências não visíveis quando da celebração do contrato de concessão, (iii) interface com outros entes públicos e prestadores de serviço público.

A SPE concessionária, típico veículo de investimento orientado essencialmente por um racional econômico, delineou o contrato EPC na modalidade *back to back*, ou seja, transferiu ao consórcio construtor as mesmas obrigações e riscos relacionados à obra a ela atribuídos no contrato de concessão. Com cláusulas rigorosas, o contrato EPC absorveu o principal desafio do empreendimento: o prazo. Como o projeto estava vinculado a evento esportivo com data certa para acontecer, prorrogações seriam praticamente impossíveis.

Teoricamente, essa pressão do tempo deveria ter ao menos o efeito positivo de alinhar interesses dos integrantes desse contexto de contratos coligados. Seria de se imaginar que Poder Concedente, SPE e consórcio construtor desenvolvessem relação cooperativa para, juntos, superarem os desafios naturais que projetos complexos costumam trazer. Os fatos, porém, mostram outro ambiente.

Já no início da obra, quando o consórcio construtor se mobilizou e começou a elaborar o projeto básico, algumas questões graves relacionadas ao traçado apareceram. Mantida a ideia inicial, a via teria de cruzar área de ocupação irregular com numeroso grupo de pessoas, criando desafios de remoção e realocação. Além disso, para evitar impactos ambientais mais gravosos, seria necessário acrescentar obras de arte de custo elevado (túneis e pontes) que, além de encarecer o projeto, aumentariam o risco de atraso. Por fim, parte dos imóveis a serem destinados à via era de propriedade de entes públicos de esfera diferente do Poder Concedente, o que demandaria negociação política para viabilizar sua aquisição.

O anteprojeto de engenharia, que continha o traçado conceitual, foi elaborado pelo Poder Concedente. A licitação foi fundamentada nesse documento, tanto no tocante aos requisitos de técnica quanto em relação às exigências econômico-financeiras feitas aos licitantes. A proposta econômica dos concorrentes também foi orientada pelos *inputs* de tal anteprojeto. Entretanto, tudo se mostrou desajustado. O contrato de concessão e, por consequência, o contrato EPC, teriam de ser reprogramados. O problema aqui não era de teoria jurídica do Direito Administrativo sobre a possibilidade ou não de ajustar as avenças. Tratava-se de um problema prático: se os contratos não fossem repactuados, o projeto não ficaria pronto a tempo, sendo certo que pretender realizar outra licitação era absolutamente incompatível com qualquer cronograma.

As partes dos contratos decidiram pela repactuação. Alteraram o traçado, mudaram o plano de ataque da obra, refizeram o estudo fundiário e, claro, mudaram o preço, que aumentou não em função do novo desenho, mas sim da necessidade de acelerar o projeto para compensar o tempo perdido na solução dessas dificuldades iniciais. Pode-se dizer que o padrão de boa-fé empregado por todos os envolvidos foi alto. Entretanto, quando os trabalhos se reiniciaram, os ânimos se acirraram novamente.

O Poder Concedente continuou enfrentando dificuldades na liberação de áreas. Seu departamento de desapropriações padecia de ineficiências de técnica e de ritmo que tornaram os processos mais morosos do que deveriam. A concessionária, por sua vez, não se aparelhou o suficiente para realizar discussões de engenharia em alto nível com o consórcio construtor, o que começou a prejudicar o procedimento de validação dos novos projetos apresentados pelo último. Este, por fim, enxergando a confusão do lado dos seus interlocutores, assumiu postura defensiva na administração contratual, passando a enviar sistematicamente notificações para ressaltar que, se Poder Concedente e concessionária não dessem vazão aos fluxos de informações, documentos e decisões necessários ao prosseguimento da obra, o contrato EPC teria de ser reequilibrado em breve.

Nesse momento o espírito cooperativo deu lugar a combates entre as partes. Cada qual assumiu uma leitura sobre a matriz de risco dos contratos e começou a imputar à outra as responsabilidades pelo desarranjo do projeto. O Poder Concedente recorreu às suas válvulas de escape mais violentas: o interesse público exige que os privados sigam adiante, independentemente de qualquer excesso de custo, sob pena de serem multados ou de sofrerem outras sanções. A concessionária apegou-se ao *back to back* para transferir toda essa pressão vinda do Poder Concedente ao consórcio construtor. Este se agarrou nos limites do escopo do contrato EPC e decretou: se o cronograma de liberação das frentes de obra e de aprovação de projetos não fosse cumprido, os trabalhos seriam interrompidos.

O componente público do projeto tornava o imbróglio particularmente complicado. O tal interesse público associado às amarras da legislação e à maneira como os órgãos de controle (Tribunais de Contas e Ministério Público) costumam interpretar casos como este acabam por paralisar os projetos. No fundo, porém, esse componente público não deveria pesar tanto. Na prática estava-se diante apenas de dois contratos, o de concessão e o EPC. Se o problema era contratual, que a solução também o fosse. É verdade, todavia, que requereria flexibilidade de todos os envolvidos para o equacionamento das questões. O Poder Concedente, mais engessado, teria de agir de modo mais parecido com a iniciativa privada e os órgãos de controle precisariam compreender a situação, sob pena de, por força de interpretações jurídicas restritivas, ter-se um esqueleto no lugar de um projeto de infraestrutura.

Essa maleabilidade do Poder Público é um efeito inexorável da opção feita pelo Brasil nos últimos anos sobre o papel do Estado. A sociedade optou por um Estado gigante e empreendedor, com posição fundamental na economia. E isso mesmo após as privatizações que, em vez de diminuírem a intervenção estatal no mundo econômico só fizeram aumentá-la como demonstrou Lazzarini em sua obra *Capitalismo de Laços*.[1] Esse "megaempreendedor" não pode estar sujeito aos limites da antiga legalidade estrita, típica do Estado-polícia. Como já escrevemos, o Estado brasileiro terá de ser cada vez menos Leviatã para se tornar cada vez mais Hermes:

> Para cumprir suas variadas funções, Hermes esbanjava flexibilidade e rapidez. O Estado deve seguir o mesmo caminho. Pode ganhar asas por meio de contratos que agreguem o privado na gestão da coisa pública. Para tanto, é preciso que teóricos e burocratas reconheçam a interconexão entre Direito Administrativo e Direito Privado nessas relações jurídicas, sem qualquer primazia do primeiro sobre o último. Assim como o deus do comércio, o Estado e o ordenamento que o modela devem fomentar a cooperação entre o individual e o coletivo, e não criar barreiras fundadas na vazia ideia de interesse público.[2]

Assim, é preciso ponderar que as relações contratuais do Estado serão cada vez mais inspiradas e, até mesmo, reguladas pela teoria geral dos contratos e pelo Direito Privado. Note-se que esse movimento tem base legal, em norma aparentemente esquecida pelos administrativistas clássicos, qual seja, o artigo 54 da velha Lei nº 8.666, de 21 de junho de 1993:

> Art. 54. Os contratos administrativos de que trata esta Lei regulam-se pelas suas cláusulas e pelos preceitos de direito público, aplicando-se-lhes, supletivamente, **os princípios da teoria geral dos contratos e as disposições de direito privado**.

Essa regra estende-se para as concessões, haja vista o artigo 124 da mesma Lei:

> Art. 124. Aplicam-se às licitações e aos contratos para permissão ou concessão de serviços públicos os dispositivos desta Lei que não conflitem com a legislação específica sobre o assunto.

---

[1] LAZZARINI, Sérgio. **Capitalismo de Laços**: os donos do Brasil e suas conexões. Rio de Janeiro: Elsevier, 2011, 4a. tiragem, especialmente Capítulo 2.

[2] ZANCHIM, Kleber Luiz. Direito Administrativo e Direito Privado: Estado, Hermes e Leviatã, in: **Carta Forense**, 14/06/2010, disponível em http://www.cartaforense.com.br/conteudo/artigos/direito-administrativo-e-direito-privado-estado-hermes-e-leviata/5706.

Mais recentemente, normas relativas a soluções alternativas de controvérsias também reduziram a distância entre os contratantes público e privado. A alteração promovida pela Lei nº 13.129, de 26 de maio de 2015, na Lei nº 9.307, de 23 de setembro de 1996, consolidou entendimento doutrinário e de parte da jurisprudência de que a Administração Pública direta e indireta pode utilizar-se da arbitragem para dirimir conflitos.[3] A Lei nº 13.140, de 26 de junho de 2015, conhecida como "Lei da Mediação", trouxe capítulo sobre "Autocomposição de conflitos em que for parte pessoa jurídica de direito público". Mediação nas relações com o Poder Público parece ser um importante avanço no processo de dessacralização do Estado e de mitigação da ideia de que este deve ter um sistema jurídico isolado dos agentes privados.

É verdade que tais normas ainda procuram restringir seu âmbito de aplicação aos chamados "direitos patrimoniais disponíveis". Mas isso vale tanto para as relações de natureza pública quanto para as privadas. Mais ainda: quando se fala de contrato, instituto jurídico essencialmente concebido para a disposição de direitos, é difícil encontrar, mesmo sendo um dos contratantes um ente estatal, o que não é disponível. Quem contrata, dispõe. Qualquer prerrogativa pública que enseje impactos econômicos na contraparte privada está, conceitualmente, no campo dos interesses disponíveis. Talvez fiquem de fora apenas algumas sanções relacionadas ao poder de império, como a suspensão temporária de participar de licitações ou a declaração de inidoneidade. Fora isso, um contrato público, tal qual o privado, pode e, muitas vezes, deve, ser sujeito aos mecanismos alternativos de solução de disputas, haja vista tratar-se de ferramenta de transação de situações jurídicas.

Assim, a teoria geral dos contratos, construída fundamentalmente no âmbito das relações privadas, penetra nas avenças públicas tanto em função do contexto social, econômico e político do país orientado para a consolidação da figura do Estado-empreendedor, quanto por caminhos abertos pela própria Lei nº 8.666/1993 e outros diplomas legais que a sucederam. No caso da concessão relatado nesta introdução, conceitos como boa-fé objetiva, equilíbrio contratual e função social do contrato emergiram com firmeza. São temas dessa ordem que o presente trabalho explorará.

---

[3] Já havia previsão nesse sentido no artigo 23-A da Lei nº 8.987, de 13 de fevereiro de 1996, e artigo 11, III, da Lei nº 11.079, de 30 de dezembro de 2004.

O objetivo desta obra é revelar como elementos da teoria geral dos contratos e do Direito Privado aproximam os negócios públicos dos privados. Não se discutirá se o Direito Administrativo como um todo está se "privatizando", apesar de haver inúmeras evidências disso desde a Constituição de 1891:

> Uma característica da Constituição da República, de 1891, seria responsável pela **principal alteração de base no direito administrativo brasileiro**, cuja sistematização viria a ser feita na obra *Direito Administrativo Brasileiro*, de Alcides Cruz (...). Foi a *adoção do modelo norte-americano de jurisdição una* – que o Brasil nunca mais abandonou –, eliminando-se a Justiça Administrativa (isto é, o contencioso administrativo, uma Justiça especial para a Administração, ligada a ela e distinta do Judiciário) que havia sido criada no Império. Com isso, **o Brasil se afastava do modelo de controle da Administração que, na França, tinha sido justamente o responsável pelo surgimento do direito administrativo (um direito especial aplicado por uma Justiça especial)**, de modo que, em matéria de responsabilidade, por exemplo, Alcides Cruz relatou a tendência de aplicação, à Administração, do regime comum: o do **direito civil**.[4]

O foco aqui é mais específico: considerando a complexidade cada vez maior dos contratos firmados pelo Estado e a ausência de ferramentas claras na dogmática administrativa para manejá-los em cenários de crise, indagar como o conhecimento e a prática contratual privados acumulados por séculos colocam sob a mesma lógica todos os negócios jurídicos, independentemente das partes que os executam.

A obra completa um ciclo de reflexões que iniciamos com *Contratos Empresariais – Categoria, Interface com Contratos de Consumo e Paritários, Revisão Judicial*, em que abordamos os contratos privados, e se seguiu com *Contratos de PPP: Risco e Incerteza*, em que trabalhamos os contratos públicos. Depois de separá-los, é o momento de analisá-los em conjunto. Reitere-se que a presente análise estará limitada a breves apontamentos e a casos concretos. Por isso, tomei a liberdade de usar a primeira pessoa ao comentar certos pontos e de citar a mim mesmo algumas vezes. Adianto que não quero fazer parecer serem minhas todas as ideias. Pretendi apenas

---

[4] SUNDFELD, Carlos Ari. **Direito Administrativo para Céticos**. São Paulo: Malheiros, 2012, p. 44 (negritos nossos).

tornar este trabalho mais um material de consulta do que uma peça de doutrina. Portanto, peço desde logo desculpas pela relativização do rigor metodológico.

Talvez tenha remanescido alguma curiosidade sobre como as partes caminharam em relação à concessão descrita acima. A resposta é que tiveram de reequilibrar tanto o contrato entre Poder Concedente e SPE quanto o entre esta e o consórcio construtor, a despeito do risco de os órgãos de controle reagirem negativamente. Os contratantes tinham clareza de que, às vezes, para concluir um bom projeto, é preciso contar com uma visão operativa, e não livresca, do Direito.

Capítulo 1
Interpretação dos Contratos

Determinado órgão público, altamente experimentado em licitações por fazê-las com frequência, decidiu, diante de cobranças dos órgãos de controle, aprimorar seus processos internos. Assim, em paralelo aos certames que realiza para a prestação de certos serviços (doravante "Serviços Recorrentes"), resolveu licitar a contratação de empresa especializada para monitorá-los. O edital da licitação desse monitoramento (doravante "Monitoramento") trazia regra expressa de que não poderiam participar da concorrência empresas que estivessem realizando os Serviços Recorrentes, por haver claro conflito de interesses entre estes e o Monitoramento (quem executa o serviço não pode monitorá-lo ao mesmo tempo).

Entre os concorrentes havia empresa muito bem estruturada para atuar no Monitoramento. Porém, seu principal objeto era exatamente a prestação dos Serviços Recorrentes, cujo valor agregado seria bastante superior. Quando da abertura da licitação, tal empresa estava executando os Serviços Recorrentes e, por isso, não poderia participar do certame. Todavia, como a conclusão da licitação foi atrasando, na data de apresentação das propostas a prestação dos Serviços Recorrentes havia terminado. A empresa se habilitou e venceu com o menor preço.

Ocorre que, quando do encerramento da concorrência, a empresa já tinha firmado novo contrato para os Serviços Recorrentes. É verdade que as atividades ainda não haviam sido iniciadas, mas existia a possibilidade de, em algum momento no futuro próximo, a empresa estar simultaneamente prestando os Serviços Recorrentes e realizando o Monitoramento. Apesar desse risco, o consultor jurídico do órgão público entendeu que a restrição do edital do Monitoramento envolvia apenas as empresas que já estivessem atuando nos Serviços Recorrentes. Para aquelas que pudessem vir a atuar não haveria óbice, pois a Administração Pública poderia, verificado o posterior conflito de interesses, encerrar o contrato de Monitoramento e fazer nova licitação para contratar outra empresa que não tivesse conflito. A discussão concentrou-se, ao final, na interpretação da expressão editalícia: "É vedada a participação de empresa que esteja prestando Serviços Recorrentes".

Para compreensão das potencialidades desse caso do ponto de vista da interpretação dos contratos, é importante passar pelas normas interpretativas disponíveis no ordenamento.

1.1. Normas de interpretação dos contratos

Há diversas normas que, no âmbito da teoria geral dos contratos, orientam a interpretação destes. No Código Civil destacam-se os artigos 111, 112, 113, 114 e 423[5]. O artigo 111 trata do silêncio qualificado, ou seja, aquele que produz efeitos jurídicos. O artigo 112 conduz o intérprete a buscar nas declarações de vontade a mensagem além do texto, desde que expressada pelo declarante. O artigo 113 coloca duas balizas fundamentais para a interpretação: boa-fé e os usos do mercado do contrato, sendo esse o sentido da expressão "do lugar de sua celebração". O artigo 114 protege quem pratica negócios de liberalidade ou renuncia a direitos, estabelecendo que são hipóteses de interpretação restritiva. O artigo 423 consagra o princípio da *interpretatio contra stipulatorem*: a parte que impõe o conteúdo de um contrato para a outra suporta o ônus da clareza e, senão o cumprir, verá a avença interpretada em seu desfavor.

Quanto aos contratos públicos, destacam-se o artigo 37 da Constituição Federal[6] e os artigos 3º, 41, 54 e 55 da Lei nº 8.666/1993. Referido artigo

---

[5] Art. 111. O silêncio importa anuência, quando as circunstâncias ou os usos o autorizarem, e não for necessária a declaração de vontade expressa.
Art. 112. Nas declarações de vontade se atenderá mais à intenção nelas consubstanciada do que ao sentido literal da linguagem.
Art. 113. Os negócios jurídicos devem ser interpretados conforme a boa-fé e os usos do lugar de sua celebração.
Art. 114. Os negócios jurídicos benéficos e a renúncia interpretam-se estritamente.
Art. 423. Quando houver no contrato de adesão cláusulas ambíguas ou contraditórias, dever-se-á adotar a interpretação mais favorável ao aderente.
[6] Art. 37. A administração pública direta e indireta de qualquer dos Poderes da União, dos Estados, do Distrito Federal e dos Municípios obedecerá aos princípios de legalidade, impessoalidade, moralidade, publicidade e eficiência e, também, ao seguinte (...)

37 representa a base principiológica do Direito Administrativo, com profundos reflexos na interpretação contratual especialmente por força da legalidade, da moralidade e da eficiência. O artigo 3º da Lei nº 8.666/1993 concentra-se no processo licitatório e, de certo modo, reforça os princípios constitucionais mencionados acima impondo seu atendimento de forma estrita. O artigo 41 cristaliza a vinculação da Administração às normas do edital. O artigo 54, além de estabelecer a conexão com a teoria geral e com as disposições de direito privado, fixa no seu § 1º um padrão de qualidade para os contratos, que "devem estabelecer com clareza e precisão as condições para sua execução, expressas em cláusulas que definam os direitos, obrigações e responsabilidades das partes, em conformidade com os termos da licitação e da proposta a que se vinculam". Por fim, o artigo 55 traz as cláusulas obrigatórias para as avenças.

Tais normas são o arcabouço básico para a interpretação. Evidentemente que, em casos específicos, outras regras serão aplicáveis, dependendo inclusive do tipo de contrato em análise. Um contrato de prestação de serviços estará, por exemplo, sujeito ao regime dos artigos 593 e seguintes do Código Civil, assim como um de empreitada seguirá o disposto nos artigos 610 e seguintes desse diploma.

Observe-se que, no quadro normativo acima, as regras de Direito Privado aplicam-se aos contratos públicos, mas as regras de Direito Público não se aplicam aos contratos firmados apenas por particulares. Isso porque a aplicação do Direito Público decorre do status do contratante (o Estado), e não da categoria contratual. Para o Direito Privado vale, em regra, o inverso: a incidência decorre da simples existência do contrato, independentemente de quem o celebra. Ou seja, o Direito Privado, no campo contratual, confere conteúdo ao Direito Administrativo, sempre que este não seja completo na regulamentação de determinada avença. Em algumas situações o Direito Privado será até mesmo predominante, nos termos do artigo 62, §3º, I, da Lei nº 8.666/1993.[7]

Vale dizer que a aplicação de disposições do Código Civil a contratos públicos tem larga aceitação no Tribunal de Contas da União – TCU. Uma

---

[7] Artigo 62, §3º. Aplica-se o disposto nos arts. 55 e 58 a 61 desta Lei e demais normas gerais, no que couber: I – aos contratos de seguro, de financiamento, de locação em que o Poder Público seja locatário, e aos demais cujo conteúdo seja regido, predominantemente, por norma de direito privado.

das normas mais aproveitadas talvez seja o artigo 618, que trata da garantia do construtor pela solidez e segurança do trabalho:[8]

> o art. 54, **caput**, da mesma norma rege que os contratos administrativos regulam-se pelas cláusulas e preceitos de direito público, com aplicação supletiva dos princípios da teoria geral dos contratos e das disposições de direito privado. **Aplicam-se, portanto, os dispositivos do Código Civil**, como os referentes às empreitadas de obras e serviços, em especial o art. 618 do Código Civil de 2002 (Lei 10.406/2002), o qual atribui responsabilidade pela solidez e segurança do trabalho ao empreiteiro da obra durante o prazo de cinco anos. (grifou-se).

Mais impressionante é haver entendimentos sobre a aplicação do Código de Defesa do Consumidor em favor da Administração Pública:

> Inicialmente, faz-se necessário tecer alguns comentários acerca da aplicabilidade da Lei 10.406/2002 (Código Civil) e da Lei 8.078/1990 (Código de Defesa do Consumidor) aos contratos Administrativos relativos a obras públicas.
>
> O art. 54 da Lei 8.666/1993 afirma que os princípios da teoria geral dos contratos e as disposições de direito privado aplicam-se aos contratos administrativos de forma suplementar. Assim, conclui-se que, por determinação legal, os dispositivos do Código Civil, que criam garantias em favor da Administração, podem ser aplicados aos contratos celebrados entre Administração e particulares relacionados a obras públicas.
>
> No que tange à aplicação do Código de Defesa do Consumidor aos contratos administrativos relacionados a obras públicas, a própria jurisprudência do TCU confirma essa possibilidade. O entendimento está presente no Acórdão 92/2004 – TCU – Segunda Câmara, julgando-se oportuna a transcrição do seguinte trecho do referido Acórdão:
>
> "Não seria plausível que alguém contratasse uma Empresa para construir barragem para ter dois anos de vida, a barragem foi construída para ter vida longa. Essa alegação nega o art. 12 da Lei 8.078/1990 – Código de Defesa do Consumidor".
>
> O fato é que a Administração encontra-se numa posição de vulnerabilidade técnica, pois não tem condições de acompanhar todas as etapas de cons-

---

[8] Acórdão nº 1816/2014 – TCU – Plenário, Rel. Min. Marcos Bemquerer Costa, J. 09.07.2014.

trução de uma obra pública, ocupando, assim, uma posição de consumidor hipossuficiente ao contratar obras públicas através de licitações.

Portanto, tanto o Código Civil como o Código de Defesa do Consumidor possuem plena aplicabilidade aos contratos Administrativos relacionados a obras públicas.[9]

Esse tema merece uma digressão.

1.1.1. Estado consumidor?

Entre as normas de interpretação relacionadas neste capítulo não há, conscientemente, dispositivos do Código de Defesa do Consumidor. Nos contratos públicos, ou o Estado está em posição de supremacia em relação ao privado, caso dos contratos administrativos, ou, na melhor das hipóteses, está em posição de certa equivalência, caso dos contratos de concessão. Em ambos os casos não existe a vulnerabilidade típica das relações de consumo.[10]

Nos contratos administrativos, além de prover os documentos técnicos para a licitação (projeto básico e orçamento detalhado), nos termos do artigo 7º, §2º, da Lei nº 8.666/1993[11], o Poder Público detém poderes exorbitantes de alterar a avença unilateralmente quando, por exemplo, houver modificação do projeto ou das especificações, para melhor adequação técnica aos seus objetivos. Ou seja, o Estado define tecnicamente o objeto e pode alterá-lo para obter otimizações. Não é possível dizer que existe, de sua parte, fragilidade de qualquer natureza, especialmente técnica.

---

[9] Acórdão nº 853/2013 – TCU – Plenáro, Rel. Min. José Jorge, J. 10/04/2013.
[10] Para o enquadramento da vulnerabilidade na análise de estrutura e função dos contratos de consumo, cf. ZANCHIM, Kleber Luiz. **Contratos Empresariais**: Categoria – Interface com Contratos de Consumo e Paritários – Revisão Judicial. São Paulo: Quartier Latin, p. 114.
[11] Art. 7º, § 2o As obras e os serviços somente poderão ser licitados quando:
I – houver projeto básico aprovado pela autoridade competente e disponível para exame dos interessados em participar do processo licitatório;
II – existir orçamento detalhado em planilhas que expressem a composição de todos os seus custos unitários;
III – houver previsão de recursos orçamentários que assegurem o pagamento das obrigações decorrentes de obras ou serviços a serem executadas no exercício financeiro em curso, de acordo com o respectivo cronograma;
IV – o produto dela esperado estiver contemplado nas metas estabelecidas no Plano Plurianual de que trata o art. 165 da Constituição Federal, quando for o caso.

Nos contratos de concessão, o ente público interfere menos no projeto, disponibilizando, em regra, apenas elementos de projeto básico, mas tem participação absolutamente relevante na formatação do negócio ao cumprir o disposto no artigo 18 da Lei nº 8.987/1995, destacando-se a definição de metas, dos critérios de reajuste e revisão da tarifa e da própria minuta do contrato. Desse modo, o Poder Concedente participa ativamente da estruturação do projeto, não se podendo qualificá-lo com vulnerável. Isso sem contar sua atuação na definição de normas de desempenho e fiscalização do concessionário. Não parece haver espaço para cogitações sobre eventual fragilidade da Administração Pública.

Independentemente da vulnerabilidade, porém, é preciso ainda observar que, se tudo o que o Estado faz é para servir o interesse público, seus contratos quase nunca serão de consumo, mas sim de insumo para tal finalidade. Ou seja, o Poder Público não contrata para si, mas para atender a sociedade. E isso vale mesmo para o chamado interesse público secundário, entendido como aquele mais pertinente à máquina administrativa do que à coletividade: se um dispêndio do erário não puder ser relacionado a uma "cadeia de produção" de um benefício coletivo, ainda que pelo aprimoramento da burocracia, equivalerá a usurpação da coisa pública e será injustificado. O Estado não é o usuário final do bem ou serviço: essa posição é do povo.[12]

A situação é semelhante à de uma empresa que contrata obra ou serviço relacionado às suas atividades-fim. Jamais será consumidora, porque integrará tal obra ou serviço em sua cadeia de produção. O Estado, quando contrata, o faz para servir aos seus administrados. Não consome a utilidade que lhe é disponibilizada, mas sim a utiliza para aprimorar o atendimento das demandas públicas. Nesse sentido, o ente público exerce atividade análoga à empresária, afastando-se do mundo consumerista. Como já aventamos, "atividade empresária é a celebração e gestão profissional de contratos que viabilizam a produção e/ou a circulação de bens e/ou serviços".[13] Nos seus contratos mais relevantes, o ente público atua (ou deveria atuar) dessa forma, equiparando-se a um empresário.

---

[12] A exceção são contratos simples como os de aquisição de itens de limpeza de dia a dia, de alimentação de servidores etc. Nestes, cuja complexidade jurídica e a relevância estratégica são bastante baixas, o Poder Público, assim como uma pessoa jurídica de direito privado, podem beneficiar-se do CDC. Tudo, porém, que for insumo para a realização de determinada atividade não se enquadrará no ambiente consumerista.

[13] ZANCHIM, Kleber Luiz. **Contratos Empresariais**: Categoria – Interface com Contratos de Consumo e Paritários – Revisão Judicial, cit., p. 45.

Portanto, seja pela ausência de vulnerabilidade, seja pelo fato de mobilizar insumos em vez de bens de consumo, o Poder Público não tem à sua disposição o regime do CDC. Deixando a técnica de lado, seria mesmo desconfortável considerar que o todo-poderoso Estado pudesse ser comparado, em suas contratações, a um cidadão que celebra contratos para atender necessidades básicas de sua família. De um lado está um Leviatã ou Hermes aparelhado com servidores remunerados para apoiá-lo. Do outro uma pessoa que, isolada, tem recursos, conhecimento e auxílio técnico limitados. Como dizer que são equivalentes? Um ente público equiparado ao consumidor cairia em total descrédito perante seu povo por ser qualificado como "parte mais fraca" em dada relação contratual. Se o Estado, com todos os seus poderes, é assim tão fraco, o que será do pobre pagador de tributos?

De toda maneira, uma coisa é fato: se há precedentes de aplicação do CDC ao Poder Público, a incidência do Código Civil não pode receber qualquer objeção, especialmente no tocante às regras interpretativas pontuadas no início deste tópico, dada sua natureza de normas gerais. Se o número de decisões ancoradas na Lei Civil envolvendo contratos públicos ainda não supera o daquelas respaldadas no Direito Administrativo deve ser por falta de impulso teórico aos julgadores, pois motivação dogmática não falta. Os próximos tópicos pretendem oferecer singela contribuição para o tema.

1.1.2. Artigo 111 do Código Civil

O artigo 111 do Código Civil é recheado de polêmicas. Regula um assunto meio obscuro: o silêncio. Por muito tempo foi tratado como uma não manifestação de vontade. Porém, com a evolução das transações econômicas, notou-se que o silêncio é, em muitos casos, um grito estarrecedor. Calar é dizer muito quando "quando as circunstâncias ou os usos o autorizarem, e não for necessária a declaração de vontade expressa", nos termos do artigo em tela.

As circunstâncias são o contexto do negócio. Correspondem às "circunstâncias negociais" enunciadas por Antônio Junqueira de Azevedo:

> consiste exatamente naquele conjunto de circunstâncias que formam uma espécie de esquema, ou *padrão cultural*, que entra a fazer parte do negócio e faz com que a declaração seja vista socialmente como dirigida à criação de efeitos jurídicos (isto é, como ato produtivo de relações jurídicas). As "cir-

cunstâncias negociais" são, pois, um *modelo cultural de atitude*, o qual, em dado momento, em determinada sociedade, faz com que certos atos sejam vistos como dirigidos à produção de efeitos jurídicos.[14]

Não se pode negar que a conceituação jurídica de "circunstâncias" é difícil, haja vista seu grau de abstração. Porém, há alguns indícios que ajudam na compreensão. As circunstâncias qualificadoras do silêncio como declaração de vontade são aquelas em que o silente-declarante teria poder e condições de alterar sua situação jurídica, mas não o fez. Poder significa que lhe fora deferida a tomada de uma decisão como a de dizer sim ou não, aceito ou não aceito, aprovo ou não aprovo. O surgimento do direito ou a produção de determinado efeito jurídico estavam dependentes do exercício de tal poder. Já as condições para exercê-lo referem-se à necessidade ou não de um procedimento para a manifestação da vontade, assim entendido como sequência de providências que tornam a decisão um ato complexo, correspondente ao somatório de diversos atos anteriores. Se, contratual ou regulatoriamente, não há um procedimento a ser seguido pela parte titular da decisão, seu silêncio importará anuência.

Exemplo de silêncio qualificado pode ser a aprovação de determinado projeto durante uma obra. O contratado privado elabora o documento técnico (um dos projetos executivos, por exemplo) e o submete à Administração Pública para análise. O cronograma físico da obra, pactuado entre as partes ou integrante dos documentos da licitação, prevê que as validações de projeto têm de ocorrer em até 15 (quinze) dias da data de sua entrega ao contratante público. Este não apresenta qualquer manifestação em tal prazo. Por não haver procedimento especial de aprovação, cabe perfeitamente o artigo 111 do Código Civil.

O mesmo pode valer inclusive para situações de inadimplemento do privado ensejadoras de providências pelo Poder Público que, por inércia deste, não são adotadas. Certa pessoa firmou termo de concessão de direito real de uso de imóvel com um Município, ficando obrigada a seguir o cronograma previsto para edificar sua moradia, resguardado à Administração o direito de resolver a avença na hipótese de descumprimento de prazos e condições pela concessionária. A edificação foi construída, mas

---

[14] JUNQUEIRA DE AZEVEDO, Antônio. **Negócio Jurídico**: Existência, Validade e Eficácia. São Paulo: Saraiva, 2002, p. 122

fora do prazo. Por isso, o Município passou a considerar a concessionária em "posse viciada" do imóvel e recusou-se a promover as respectivas ligações de água e esgoto. A 4ª Câmara de Direito Público do Tribunal de Justiça de São Paulo entendeu, com base na decisão de primeira instância, que:

> A Administração Municipal deixou de executar a cláusula nona do contrato de concessão do direito real de uso, permitindo, tacitamente, que o prazo se arrastasse. [...]
>
> Assim sendo, cumpre ao Município o cumprimento da cláusula décima do contrato (implementar, por sua conta e risco, a rede de água e esgoto), seja porque se trata de serviço essencial, seja porque assumiu, ainda que tacitamente, a dilação do prazo de construção à medida que deixou de requerer a reintegração de posse.[15]

Outra hipótese é a de aprovação de determinado ato por autoridade superior. Um centro comunitário tinha convênio com o Ministério da Saúde de repasse de verbas para aquisição de ambulância. O gestor do centro não encontrava veículo apropriado e com preço compatível ao valor do convênio. Enviou ofício ao Ministério pedindo autorização para adquirir uma Kombi e, então, adaptá-la como ambulância. A autoridade federal ficou silente por longo período. Para não perder a verba em função do término do convênio, que estava para ocorrer, o gestor local comprou a Kombi. Ao julgar as contas da entidade, o TCU asseverou:

> Diante desse quadro, entendo que a iniciativa do responsável, consistente na aquisição de veículo cujo valor era compatível com as disponibilidades do Centro Comunitário e cujas características permitiam adaptação ao fim programado, andou a bom termo, **eis que o silêncio do Ministério da Saúde/Fundo Nacional da Saúde pode ter sido interpretado como aceitação tácita ao requerido,** e o agir, nessas circunstâncias, poderia ser menos danoso ao interesse social do que a inação.[16] (grifou-se).

Esse silêncio qualificado tangencia a figura da *suppressio*, segundo a qual o silente perde um direito ou poder contratual quando silencia. Nos casos

---

[15] Apelação Cível nº 9234754-26.2003.8.26.00000, 4ª Câmara de Direito Público, Rel. Des. Ferreira Rodrigues, j. 05/11/2012.
[16] AC 0648-15/04-2, Segunda Câmara, Rel. Lincoln Guimarães Rocha, j. 29/04/2004.

acima, a Administração silenciou (i) sobre a aprovação de um projeto, (ii) sobre o cumprimento do prazo de edificação em imóvel seu e (iii) sobre a utilização adequada de seus recursos. Como não havia nenhuma burocracia particular para a tomada de decisões sobre esses temas, o privado passou a ter justas expectativas de que (i) sim, seu projeto estava aprovado, (ii) sim, o prazo de construção fora estendido e (iii) sim, o dinheiro poderia ter destinação diferente daquela inicialmente programada. O direito da Administração de alterar tais situações foi suprimido (*suppressio*) em razão de sua própria omissão.

Diferente seria o reajuste tarifário de uma distribuidora de energia, por exemplo. Trata-se de um procedimento de análise detalhada de conjunto de informações obtidas pela ANEEL ou disponibilizadas pelas distribuidoras que resulta em uma norma definidora do reajuste. A regulação estabelece os procedimentos, de modo que é difícil imaginar a aprovação de uma mudança tarifária pelo silêncio (ainda que algumas etapas do processo possam, eventualmente, ser superadas por aceitação tácita). A hipótese seria a da parte final do artigo 111 do Código Civil, por exigir declaração de vontade expressa do Poder Público.

Vale lembrar que já existe previsão legal qualificadora da omissão da Administração. Exemplo é o artigo 18, § 12, da Lei nº 11.079, de 30 de dezembro de 2004: "A ausência de aceite ou rejeição expressa de fatura por parte do parceiro público no prazo de 40 (quarenta) dias contado da data de vencimento implicará aceitação tácita". A norma atende a uma preocupação óbvia do parceiro privado em parcerias público-privadas: ter sua contraprestação retardada sem motivo. O parceiro público tem o poder de rejeitar a fatura, mas, se não o fizer, declarará a aceitação pela omissão.

No § 13 do mesmo artigo há uma previsão didática, que serve de lembrete ao agente público que, por sua conduta omissiva, causar dano ao erário: "O agente público que contribuir por ação ou omissão para a aceitação tácita de que trata o § 12 ou que rejeitar fatura sem motivação será responsabilizado pelos danos que causar, em conformidade com a legislação civil, administrativa e penal em vigor". Tal previsão é dispensável porque a responsabilização já tem fundamento na "legislação civil, administrativa e penal em vigor". Além disso, não faz diferença que o dano tenha origem omissiva, pois o regime é idêntico aos danos por ação. De toda maneira, a regra serve de lembrança e pode ser generalizada para todos os casos de verificação do silêncio qualificado para a Administração. Se disso resultar um prejuízo, o agente público que tinha poder e condições de alterar a situação jurídica e não o fez será responsabilizado.

Por fim, depois de analisadas as circunstâncias que qualificam o silêncio, importa um breve comentário sobre os usos mencionados no artigo 111 do Código Civil. Usos são comportamentos reiterados que acabam elevados ao status de norma jurídica. O silêncio é usual na coisa pública nas votações do Parlamento, por exemplo, quando o presidente da mesa diz aos congressistas que, se estiverem de acordo com determinada deliberação, permaneçam como estão. Na esfera contratual, porém, o silêncio do Estado ainda não ganhou contornos de uso. Todavia, com a necessidade de dar celeridade às decisões, não se duvida que, desmistificado o assunto, logo passará a ser usual.

Resumindo, o artigo 111 do Código Civil é perfeitamente aplicável aos contratos públicos sempre que não houver procedimento regulando a tomada de decisão por parte do Poder Público.

1.1.3. Artigo 112 do Código Civil

O artigo 112 do Código Civil é um pouco menos complexo que a regra anterior. Simplesmente privilegia o espírito à letra, desde que tal espírito esteja consubstanciado na declaração de vontade. Trata-se de norma adaptativa da limitação que as palavras têm. A comunicação formal, em vários casos, não consegue retratar com precisão a intenção do comunicador. Por isso, a restrição do intérprete à frieza dos textos pode resultar em conclusões desconectadas da necessidade e da expectativa dos agentes. Esse dispositivo serve, então, para corrigir entendimentos em favor do bom senso.

Um contrato de prestação de serviços entre entidade assistencial e Município previa que este teria de realizar "requisições" para providências por parte do privado. Não houve tais requisições, apesar de o ente público ter autorizado referidas providências. Como o Município não pagou pelo serviço, a entidade o processou. A defesa municipal apontou esse "problema" formal da execução contratual, o que impediria o pagamento. O juiz de primeira instância decidiu em favor da municipalidade. Já o Tribunal, com base no artigo 112 do Código Civil, consignou: "o Código Civil prestigia a vontade à forma, salvo quando essencial à validade do ato"[17]. De forma ainda mais contundente o TCU já pontou:

[17] TJSP, Apelação Cível com Revisão nº 742.481-5/3-00, Rel. Des. Coimbra Schmidt, J. 10.03.2008.

Não desconheço que na interpretação dos negócios jurídicos nem sempre aquilo que se declara (ou a forma como a vontade é exteriorizada) coincide com o real propósito das partes com a celebração da avença. É claro que toda interpretação deve partir do texto (da literalidade), contudo não se pode perder de vista o contexto, ou seja, as circunstâncias nas quais o ajuste foi firmado, sob pena de o intérprete ser traído pelas armadilhas da linguagem. Não é outra a lição que se extrai do art. 112 do Código Civil, in verbis: "Nas declarações de vontade se atenderá mais à intenção nelas consubstanciada do que ao sentido literal da linguagem".[18]

Apesar de a aplicação do artigo 112 aos contratos públicos estar fora de dúvida, a dificuldade reside na identificação da intenção do declarante da vontade negocial, especialmente quando este é o Estado, cujo processo contratual é complexo, formatado por várias instâncias e amparado por diversas opiniões (técnicas, jurídicas, políticas etc.). É exatamente a documentação desse processo que deve servir de base ao intérprete. A partir das manifestações, debates e decisões, cabe-lhe encontrar a "espinha dorsal" da formação da vontade, ou seja, o ponto comum entre todos os que participaram do processo para, então, visualizar a "intenção consubstanciada".

A vantagem dos contratos públicos sobre os contratos privados nessa seara é que a formatação dos primeiros é, em regra, mais formal e documentada que a dos últimos, fornecendo material mais robusto para a interpretação. A desvantagem é que a governança do Estado brasileiro ou não existe ou é desorganizada, o que dificulta a compreensão do processo de contratação. É comum haver dúvidas sobre o peso e a relevância de cada opinião no processo. Por vezes há vácuos de autoridade e conflitos de posições. Não raro o ato complexo de contratar vai seguindo uma linha e, quando está em vias de ser concluído, sofre uma guinada criando o que se costuma chamar de "contrato Frankenstein", um "cópia e cola" de várias minutas diferentes com cláusulas em nada pertinentes ao escopo da contratação. O agente público quer colocar determinados dispositivos porque alguma decisão do Tribunal de Contas, em algum momento da história, assim orientou. Outro quer fazer uma ressalva para pontuar que, na análise feita por sua área, há determinado risco a ser trabalhado. Nessa celeuma, aquele que tem a última palavra acaba refém de um conjunto de manifes-

---

[18] AC 3287-22/10-2, Segunda Câmara, Rel. Min. Aroldo Cedraz, j. 29/06/2010.

tações prévias que lhe criam desconforto e insegurança para "limpar" a minuta. Então o texto sai como uma colcha de retalhos, numa violação sistemática do parágrafo primeiro do artigo 54 da Lei nº 8.666/93:

> Os contratos devem estabelecer com clareza e precisão as condições para sua execução, expressas em cláusulas que definam os direitos, obrigações e responsabilidades das partes, em conformidade com os termos da licitação e da proposta a que se vinculam.

Esse mandamento demanda um amadurecimento do jeito público de contratar que, aparentemente, está longe de acontecer. Fossem claros e precisos, os contratos do Estado não seriam objeto de tantas disputas nos Tribunais brasileiros. O tamanho da máquina administrativa impede que as declarações de vontade tenham essas características. É muita gente opinando com focos diferentes sobre o mesmo texto. Aliás, a própria existência da regra citada acima, de conteúdo óbvio, conota a dificuldade do alcance de seus objetivos.

Alguns poderão dizer que, apesar dessa confusão, existe um elemento balizador da intenção contratual a ser utilizado como filtro: o interesse público. Esse argumento não pode prevalecer. Isso porque se o conteúdo do artigo 112 do Código Civil já tem uma dimensão abstrata e se o processo de contratação estatal é um mosaico de opiniões, imagine-se como ficaria o intérprete tendo que acrescentar o suprassumo da abstração e da variedade de pontos de vista, que é esse tal de interesse público. O fenômeno interpretativo ficaria totalmente esquizofrênico. Como já escrevemos:

> Acontece que o particular que se relaciona com a Administração Pública não tem como se orientar por conceitos jurídicos indeterminados. É fato que eles fragilizam a confiança, especialmente na dimensão institucional (macroscópica) dela, na medida em que representam válvula de escape ao oportunismo dos agentes estatais sem a contrapartida de um controle efetivo, por força da imprecisão dos conceitos. Por isso, tudo o que foi dito até agora pode ser resumido, do ponto de vista privado, da seguinte forma: (i) a confiança medievalesca apregoada por parte do Direito dos livros não tem lugar no Brasil, que trabalha com um código de desconfiança (não é para principiantes) apesar de regras jurídicas que, formalmente, fomentam a estabilidade institucional e a boa-fé (sem prejuízo da variabilidade de padrões admitida no artigo 113 do Código Civil), (ii) o Poder Judiciário oscila na tutela da confiança, tanto

mais quando suas decisões têm impacto no erário público e (iii) o interesse público, amalgamado na discricionariedade, abre espaço para uso da força pela Administração e é fator de risco na tomada de decisões empresariais.[19]

O interesse público deve estar presente na conformação da decisão e da iniciativa de celebrar o contrato, ou seja, no âmbito da liberdade de contratar. O Administrador tem de fazer o juízo de conveniência e oportunidade quando decide iniciar o processo contratual e, neste momento, deve fazer cogitações relacionadas ao bem comum. Portanto, o interesse público é um *prius* motivador da contratação e o que justifica determinado contrato. Está mais no nível institucional do declarante da vontade (o Estado) do que no da vontade declarada em si. Aproxima-se de uma causa pressuposta da contratação[20], que antecede o negócio jurídico, sem se confundir com a causa final, que orienta sua interpretação.

Assim, uma vez firmada a avença, a questão se desloca da liberdade de contratar antecedente para a liberdade contratual consequente, relativa ao conteúdo do ajuste. Neste momento, o interesse público já deverá estar refletido nas cláusulas do contrato, sendo estas, e não aquele, a referência do intérprete. Ou seja, na interpretação o espaço para considerações sobre interesse público é restrito, uma vez que, espera-se, o texto contratual já deverá tê-lo retratado. Essa é uma presunção basilar da declaração de vontade pública e o intérprete deve respeitá-la porque não lhe cabe julgar o interesse público, tema da alçada do Estado, legitimada, em última análise, pelo processo eleitoral. Na esfera contratual, o interesse público é apenas uma premissa, e não uma diretriz interpretativa.

Mas é fato que a desgovernança na contratação pública torna a aplicação do artigo 112 do Código Civil um trabalho de Hércules. Por conterem declarações de vontade de seres humanos, os contratos públicos estão evidentemente sujeitos à perquirição da intenção consubstanciada nas manifestações dos declarantes. Porém, a captura do sentido do texto contratual passa por esforço maior do que o, em geral, demandado pelos contratos privados. O leitor deve se debruçar sobre as palavras e demais elementos da formação contratual para tentar absorver o real propósito do negó-

---

[19] ZANCHIM, Kleber Luiz (coord.). **Concessão de Rodovias**: Aspectos Jurídicos, Econômicos e Institucionais. São Paulo: Quartier Latin, 2013, p. 61.
[20] Cf. sobre causa pressuposta, JUNQUEIRA DE AZEVEDO, Antônio. **Negócio Jurídico**: Existência, Validade e Eficácia. cit., p. 147.

cio jurídico. Deve ainda estudar a estrutura do órgão administrativo que sedia contrato para perceber eventuais conflitos políticos ou ideológicos e, assim, tentar "limpar" o texto de nódoas que fragilizem a avença. Na caçada à vontade consubstanciada nos negócios públicos o exegeta tem, efetivamente, que ler nas entrelinhas.

Pode-se dizer, pois, que o artigo 66 da Lei nº 8.666/1993 deve ser tomado *cum grano salis*:

> Art. 66. O contrato deverá ser executado fielmente pelas partes, de acordo com as cláusulas avençadas e as normas desta Lei, respondendo cada uma pelas consequências de sua inexecução total ou parcial.

Essa norma traz uma boa proposta programática, mas, na prática, as partes costumam ser infiéis ao avençado por uma razão simples: é remota a possibilidade de um contrato, em especial o público, ser completo o suficiente para contemplar todos os obstáculos que, naturalmente, impõem-se à sua execução. O mundo da vida é muito mais dinâmico que o das minutas. É por isso que a teoria geral dos contratos, muito mais antiga e experimentada que o Direito Administrativo, tem regras como o artigo 112 do Código Civil.

Importante pontuar que a leitura crítica do artigo 66 da Lei nº 8.666/1993 não significa defesa irrefletida da flexibilização do texto dos contratos públicos. Em um ambiente de insegurança jurídica como o da contratação com o Estado no Brasil, uma flexibilização desmesurada seria catastrófica. Os contratos públicos devem sim ser interpretados da maneira mais fiel ao seu texto possível. Mas essa própria interpretação, dada a imprecisão natural das palavras, já contém em si a busca pela intenção consubstanciada. Ou seja, por mais ortodoxa que possa ser a análise do instrumento, o leitor sempre terá de posicioná-lo diante de um desafio prático da execução contratual e, então, interpretá-lo usando as ferramentas definidas na legislação. Isso porque somente se tira o contrato da gaveta quando se tem um problema a resolver. Ninguém abre, por mero deleite, um documento enfadonho para, sem um propósito específico, vasculhar suas cláusulas. Logo, o debate sobre a execução estrita de uma avença não escapa do juízo interpretativo de seus comandos.

Não há, portanto, um conflito entre o artigo 112 do Código Civil e o artigo 66 da Lei nº 8.666/1993. A incidência deste passa pela exploração daquele. Executar fielmente um contrato pressupõe compreendê-lo. E compreendê-lo passa por identificar as vontades nele consubstanciadas.

1.1.4. Artigo 113 do Código Civil

O artigo 113 do Código Civil é efetivamente complexo. Primeiro, traz um comando: "Os negócios jurídicos *deverão* ser interpretados conforme a boa-fé e os usos do lugar de sua celebração". A ordem não deixa dúvidas: todo contrato terá de ser analisado a partir de seu contexto negocial e nele ser integrado. Segundo, coloca boa-fé e usos sob o mesmo fator de ponderação, que é o "lugar" da celebração dos negócios jurídicos. Aproximar as duas figuras foi um *insight* brilhante do legislador porque, ao fim e ao cabo, ambas remetem-se a padrões de conduta das partes contratuais e, portanto, estão profundamente relacionadas. Completar essa aproximação com a ideia de *locus* contratual coroa o artigo, dando-lhe rara concretude ao impor ao intérprete uma pesquisa específica e concentrada em determinada relação jurídica, saindo de moldes abstratos para mergulhar no caso concreto.

Em uma simplificação da densidade da norma, pode-se dizer que seu objetivo é tornar a interpretação um processo de mapeamento dos contornos objetivos de cada avença. Enquanto o artigo 112 ocupa-se dos sujeitos do contrato (ainda que com foco na vontade "consubstanciada" na declaração), o artigo 113 quer compreender o ambiente da contratação. Um dos seus grandes méritos é sinalizar o óbvio muitas vezes oculto a quem não vai além dos modelos jurídicos clássicos: o conteúdo da boa-fé e dos usos varia conforme o lugar da celebração do negócio.

Lugar não quer dizer simplesmente o espaço físico do contrato, mas sim o seu mercado. Em um mesmo local pode haver mercados diferentes, com tipos de contratações e níveis de informação distintos. A Administração de um município do litoral pode, por exemplo, contratar desde a construção de habitações sociais com empreiteiros regionais a empreendimentos com empresas multinacionais exploradoras de petróleo, contratos que, claramente, não partilham do mesmo contexto técnico e informacional. Assim, o artigo 113 refere-se, como faz o artigo 111, às circunstâncias negociais dos ajustes, sendo, porém, mais focado em determinar os parâmetros da boa-fé e dos usos delineados por elas.

O exegeta tem de assumir, portanto, que haverá usos e padrões de boa-fé diferentes dependendo do mercado de cada contrato. Para alguns casos, a interpretação assumirá a premissa de que as partes poderiam esperar umas das outras profunda cooperação e transparência. Para outros, admitirá doses de oportunismo dos contratantes, com cada qual tentando extrair a máxima vantagem possível de sua relação contratual. São situações da vida, dependendo do tipo de contrato e, fundamentalmente, do tipo de partes contratuais do ponto de vista da instrução e da probidade.

Note-se que essa reflexão ainda não está consolidada para os contratos privados. Que dirá para os públicos. Porém, há algumas manifestações mais elaboradas do TCU sobre padrões de conduta que investigam referências do contexto específico de determinado contrato para julgar o comportamento das partes.

Um hospital foi acusado de cobrar do SUS por um procedimento já remunerado por convênio existente com Municípios.[21] Em defesa, o hospital sustentou que, apesar de o contrato com os Municípios mencionar dois tipos de procedimentos, na verdade apenas um era realizado com a verba municipal. Assim, os recursos do SUS remuneravam somente o outro procedimento, não coberto financeiramente por referido convênio. Apontou que as partes se equivocaram na redação do convênio, indicando ali dois procedimentos quando, de fato, queriam tratar apenas de um. Trouxe o contexto de se tratar de Municípios pequenos, sem corpo técnico robusto, mesmo contexto do hospital, cuja administração era conduzida por médico sem apoio jurídico. Apesar dessas referências abstratas que, em primeira leitura, poderiam configurar estado de boa-fé das partes, o TCU asseverou:

> No tocante às alegações dos responsáveis de que agiram pautados na boa--fé, informo que o entendimento dominante nesta Corte é no sentido de que a boa-fé não pode ser simplesmente presumida, mas deve ser objetivamente analisada e provada no caso concreto. Sobre o tema, trago à colação trecho do Voto proferido para o Acórdão nº 213/2002 – 1ª Câmara, TC 000.476/1999-4, da relatoria do Ministro Marcos Vinícios Vilaça, onde se encontra definido, com propriedade, o sentido da norma constante do art. 12, § 2º, da Lei n. 8.443/1992: "A noção clássica de boa-fé subjetiva vem cedendo espaço à sua face objetiva, oriunda do direito e da cultura germânica, e que leva em consideração a prática efetiva e as consequências de determinado ato à luz de um modelo de conduta social, adotada por um homem leal, cauteloso e diligente, em lugar de indagar-se simplesmente sobre a intenção daquele que efetivamente o praticou. Devemos, assim, examinar, num primeiro momento, **diante de um caso concreto e nas condições em que o agente atuou, qual o cuidado exigível de uma pessoa prudente e de discernimento**. Assim o fazendo, encontraremos o cuidado objetivo necessário, fundado na previsibilidade objetiva. Devemos, a

[21] AC-2414-31/06-1, Primeira Câmara, Rel. Min. Augusto Nardes, j. 29/08/2006.

seguir, comparar esse cuidado genérico com a conduta do agente, intentando saber se a conduta imposta pelo dever genérico de cuidado harmoniza-se com o comportamento desse agente. A resposta negativa leva à reprovabilidade da sua conduta, à culpa e, enfim, à não-caracterização da boa-fé objetiva". Os elementos constantes dos autos permitem concluir que os responsáveis pelo hospital não agiram de forma diligente, permitindo que fossem emitidas AIH's (autorizações de internação hospitalar) para cobrança por serviços já cobertos por convênio celebrado com a municipalidade, o que impede que se possa reconhecer a boa-fé nos atos e procedimentos inquinados.

À luz do artigo 113 do Código Civil, este caso se sujeitaria à seguinte reflexão. De fato os municípios e o hospital são pequenos. Todavia, no seu ambiente contratual específico, considerando as diversas relações jurídicas que já encetaram no tema da saúde pública, qual o real padrão de boa-fé e usos esperado? É possível, efetivamente, admitir que a inclusão no contrato de dois serviços em vez de um é falha escusável da parte daqueles administradores públicos e gestores hospitalares em particular? Ou, ao contrário, por suas experiências prévias em firmar convênios e por terem clareza sobre as diferenças dos serviços a serem prestados, a interpretação deve ser de que não há justificativa para, de boa-fé, terem previsto no contrato dois serviços?

Sob a ótica do artigo 113 do Código Civil, a resposta a essas questões passa por análise do histórico contratual das partes. A quantidade e os tipos de convênios firmados anteriormente indicarão o nível de cuidado delas com a elaboração e execução de seus ajustes. O ônus probatório é, claro, dos próprios contratantes, que deverão demonstrar como, habitualmente, pactuavam o pagamento dos procedimentos médicos. Esse padrão de conduta revelará ao intérprete se, em verdade, independentemente do conteúdo dos textos, hospital e municípios ajustavam a remuneração apenas do que cabia no orçamento destes, ficando os procedimentos complementares sob o custeio do SUS.

Segundo o TCU, não foram trazidas provas suficientes para demonstrar boa-fé ou usos favoráveis à defesa. A simples menção à condição modesta dos municípios e do hospital não convenceu, porque permaneceu no campo da abstração. As partes não foram bem sucedidas na demonstração de que seu passado as resguardaria. O resultado foi a condenação a devolver valores ao SUS.

Para concluir esse tópico, interessa fazer uma breve reflexão. Não é porque o artigo 113 focaliza o contexto concreto de determinado contrato que cogita da boa-fé subjetiva. A questão não é o que os contratantes, no seu íntimo, pretendiam. Pode até ser que os administradores públicos e os gestores do hospital estivessem intimamente convictos da irrelevância da previsão contratual sobre os dois serviços, hipótese em que estaria presente a boa-fé subjetiva. Para o intérprete, entretanto, importa a ocorrência de comportamento escusável aos olhos de terceiros. Se não ficar cristalino que, em outras oportunidades, a linguagem contratual também era irrelevante porque, na prática, os municípios sempre remuneravam apenas um serviço, ponto final: o subjetivo não será levado em conta e o objetivo, que mostra algo diferente da crença individual dos contratantes, prevalecerá. Foi como decidiu o TCU.

1.1.5. Artigo 114 do Código Civil

No âmbito da Administração Pública, o artigo 114 tem aplicação mais recorrente na sua segunda parte, relativa à renúncia, do que na primeira, referente aos negócios jurídicos benéficos. Estes envolvem transações em que apenas uma das partes realiza disposição patrimonial, estando, portanto, na categoria dos negócios gratuitos ou não sinalagmáticos. Exemplo são as transferências de capital previstas no artigo 12, § 6º, da Lei nº 4.320, de 17 de março de 1964:

> São Transferências de Capital as dotações para investimentos ou inversões financeiras que outras pessoas de direito público ou privado devam realizar, independentemente de contraprestação direta em bens ou serviços, constituindo essas transferências auxílios ou contribuições, segundo derivem diretamente da Lei de Orçamento ou de lei especialmente anterior, bem como as dotações para amortização da dívida pública.

Os debates sobre renúncia são mais usuais porque a Administração Pública tem o hábito de, ao renegociar avenças com os privados, exigir que estes abram mão de direitos. Ocorre que, muitas vezes, não há clareza sobre a real intenção das partes, fato originador de vários litígios.

Empresa privada e empresa municipal tinham um contrato de obra e, diante de atrasos em pagamentos devidos pela última, foram firmados dois acordos: um para suspender a incidência de encargos financeiros sobre os valores em atraso e outro para parcelar o débito, ficando ajustado que, enquanto o parcelamento estivesse sendo cumprido, a incidência daqueles encargos continuaria suspensa. Diante da falta de clareza dos acordos, a empresa privada moveu ação de cobrança para discutir juros e correção monetária. O montante somava quase R$ 10 milhões.[22]

No instrumento de parcelamento, a empresa municipal reconheceu-se devedora, perante a autora da ação e outras empresas, de "créditos e encargos financeiros de natureza contratual no montante global de R$ 59.168.768,01 a título de juros faturados referentes a serviços já pagos, juros projetados sobre juros já faturados e juros projetados das medições a pagar com vencimento anterior a 31-1-2000, calculados nos termos das planilhas em anexo, tendo como termo final para efeito de cálculo a data de 21-1-2000." Em outra cláusula os credores obrigaram-se a "não exigir o total dos créditos aos quais têm direito, conforme a ordem cronológica nesta data existente, enquanto o presente instrumento estiver sendo cumprido". A empresa municipal alega que sob o termo "juros" estava também a correção monetária, a qual, portanto, igualmente se tornara inexigível.

O voto divergente do acórdão do caso pontuou que "a má redação não permite uma conclusão segura quanto à abrangência do parcelamento", mas que a redação precária "justifica uma leitura mais flexível". Sob essa perspectiva, julgou a favor da Administração, entendendo que o texto "suspender por um ano a eficácia das cláusulas de encargos financeiros e compensação financeira por atraso de pagamento, mantidos os juros de mora contratuais" abrangia correção monetária. Já o voto condutor do acórdão asseverou:

> O parcelamento do débito pactuado pelas partes (fls. 380/382) não elide a atualização monetária devida pelos atrasos. Não houve declaração expressa da autora nesse sentido, e isso era imprescindível para a caracterização da renúncia ou remissão no tocante à correção monetária. A concordância com o parcelamento não implica tal renúncia ou remissão. Aliás, referido instrumento não contém nenhuma cláusula da qual se possa depreender a exclusão da atualização monetária.

Observe-se que a divergência na interpretação tem um fundo conceitual: para o voto divergente, a obscuridade do texto enseja interpretação

---

[22] TJSP, Apelação Cível nº 9249108-80.2008.8.26.0000, 10ª Câmara de Direito Público, Rel. Des. Antônio Carlos Villen, j. 24 de outubro de 2011.

flexível, enquanto para o voto condutor o efeito é o inverso, justificando exegese restritiva. Mesmo sem mencionar a norma, este último aplica o artigo 114.[23] A renúncia a direito não pode ser presumida, e por razão óbvia: renunciar, assim como doar, é ato de disposição patrimonial, não podendo o renunciante ou o doador correr o risco de tal ato ser interpretado de forma ampliativa sob pena de a renúncia ou a doação gerarem perda econômica superior ao desejado.

O mesmo raciocínio vale para a quitação, que resulta na abdicação do direito de cobrar valores adicionais. Seu teor deve ser interpretado da maneira mais restritiva possível. Porém, diante do disposto no artigo 320, § único, do Código Civil[24], há alguma flexibilização na exegese sobre o que, de fato, se quita. É como decidiu o Tribunal de Justiça do Estado de São Paulo ao interpretar a cláusula que previa quitação "inclusive de qualquer solicitação de revisão e consequente saldo financeiro e econômico do contrato, pelas etapas de obras já realizadas e anteriores a este aditamento":[25]

> Está correta, pois, a r. sentença ao concluir pela ocorrência de quitação, que mesmo sendo de interpretação restrita como argumenta a autora e recorrente, não pode deixar de ser reconhecida diante dos expressos termos do dispositivo contratual: o termo *"qualquer"* que complementa a expressão *"solicitação de revisão"* compreende reclamação sobre correção monetária por efeito da mora.

O interessante de julgados como este é a evidência de que o esforço interpretativo do Poder Judiciário está passando por análises mais detalhadas das cláusulas das avenças. Isso tende a facilitar a identificação, pelos julgadores, das hipóteses normativas do Direito Privado aplicáveis aos contratos públicos, as quais, em razão da longa experiência acumulada, são adaptadas para encaixar em previsões contratuais com mais precisão, tornando mais claras as suas consequências jurídicas.

---

[23] A decisão foi confirmada pelo Superior Tribunal de Justiça no AgRg no REsp nº 1401607, Rel. Min. Benedito Gonçalves, DJe 25/03/2014.
[24] "Ainda sem os requisitos estabelecidos neste artigo valerá a quitação, se de seus termos ou das circunstâncias resultar haver sido paga a dívida".
[25] Apelação nº 9213656-09.2008.8.26.0000, 4ª Câmara de Direito Público, Rel. Des. Luis Fernando Camargo de Barros Vidal, j. 20 de janeiro de 2014.

1.1.6. Artigo 423 do Código Civil

O artigo 423 talvez seja uma das regras de Direito Privado a sofrer mais resistência na aplicação aos contratos públicos. Consagradora do princípio da *interpretatio contra stipulatorem*, ou interpretação contra quem estipula, impõe o ônus da clareza ao redator dos textos contratuais. O descumprimento desse ônus, materializado em ambiguidades ou contradições, enseja exegese favorável à contraparte, medida que é inclusive de justiça e equilibra a relação entre os contratantes.

Olhando a letra fria da lei, os contrários à aplicação do artigo 423 do Código Civil aos contratos públicos sustentarão que estes não são de adesão. Em parte, o raciocínio faz sentido.

Há uma distinção teórica já tradicional entre contratos de adesão e contratos por adesão. Os primeiros, típicos das relações de massa, sequer podem ser questionados pela contraparte, que fica "refém" do clausulado, não dispondo de poder para ajustá-lo a seus interesses. Os segundos, mais associados ao fenômeno de padronização de minutas, podem ter suas cláusulas questionadas, apesar de, muitas vezes, não sofrerem alterações em seus textos.

No processo usual de contratação pública, os editais e contratos podem ser questionados pelos licitantes. A comissão de licitação fica obrigada a responder às perguntas, as quais passam a integrar o futuro contrato. Assim, eventual ambiguidade ou contradição pode ser apontada pela contraparte privada que, dessa forma, exerce certa influência na formulação da minuta contratual. Portanto, os contratos públicos estão mais para contratos "por adesão" do que "de adesão", restringindo a aplicação do artigo 423 do Código Civil.

Todavia, essa norma não está excluída das contratações com o Estado quando oferece balizas para o princípio da intepretação contra o estipulador. Aplicável a qualquer categoria de avença, tal princípio fomenta a formatação de um bom contrato por aquele que propõe a minuta. Desatendido o ônus por uma das partes, o intérprete será mais condescendente com a outra parte. A incidência do princípio ocorre cláusula a cláusula e o Poder Público, assim como qualquer outro contratante, deve dedicar-se à clareza e coerência de suas minutas, sob pena vê-las interpretadas contra si.

Em algumas circunstâncias, o licitante privado acredita não ter dúvidas sobre a interpretação de determinado dispositivo. Porém, avançando na licitação, depara-se com entendimento distinto do ente licitante. Ou seja, os dois lados se dão conta da divergência apenas quando o tema específico se lhes apresenta.

Um licitante entende que cumpre determinado requisito de atestação técnica do edital apresentando certo documento. Abertos os envelopes, é desclassificado porque a comissão de licitação entende que o atestado é insuficiente. Um caso assim foi julgado pelo Tribunal Administrativo de Contratos de Aragón, Espanha,[26] com diversas ponderações interessantes.

A Corte aragonesa destacou preliminarmente que o ônus de clareza na elaboração do conteúdo dos documentos da licitação é do Poder Público, de modo que cláusulas ambíguas, contraditórias ou confusas, cujas dúvidas não tenham sido dissipadas durante o certame, são também de sua responsabilidade. O entendimento é exposto de forma cristalina:

> Nosso ordenamento jurídico de contratação pública se baseia nos princípios de boa-fé objetiva e confiança legítima como elementos interpretativos dos contratos, que se complementam com o princípio da interpretação *"contra proferentem"* – também denominada *"interpretativo contra stipulatorem"* – segundo o qual, quando não é possível fazer uma interpretação literal de um contrato (...), por causa de cláusulas ambíguas ou contraditórias, a interpretação não deve beneficiar a parte que redigiu essas cláusulas, ocasionando obscuridade.

E o acórdão arremata:

> A jurisprudência atual, frente a decisões jurisdicionais anteriores que outorgavam à interpretação unilateral da Administração o valor de uma espécie de "interpretação autêntica", tem destacado que a incerteza criada pela Administração quando redige as condições licitatórias não pode jogar a seu favor e em prejuízo do contratado, uma vez que a existência de cláusulas ambíguas, contraditórias entre si e criadoras de indubitável obscuridade somente deve prejudicar a Administração que as redigiu, por aplicação do artigo 1288 do Código Civil. Com precisão se pronuncia em tal sentido a STS (*Sentencia del Tribunal Supremo*) de 3 de fevereiro de 2003 (...), segundo a qual "É manifesto que os contratos administrativos são contratos de adesão, em que a

---

[26] RE 041/2012 e RE 042/2012, Acórdão 33/2012, de as 09 de agosto de 2012, disponível *online* em http://www.aragon.es/estaticos/GobiernoAragon/TribunalAdministrativo/contenido_canal_trb_home/Acuerdo_033_2012.2.pdf.

Administração é quem redige as cláusulas correspondentes, pelo que, conforme estabelecido no artigo 1288 do Código Civil, a interpretação de cláusulas obscuras não deve favorecer a parte que ocasionou a obscuridade (...)".

O citado artigo 1.288 do Código Civil espanhol prevê que "*La interpretación de las cláusulas oscuras de un contrato no deberá favorecer a la parte que hubiese ocasionado la oscuridad*". A norma não é tão delimitada como o artigo 423 do Código Civil brasileiro, que faz referência expressa a contratos de adesão. Ambas, porém, nutrem-se do mesmo princípio: interpretação contra o estipulador, que impõe o ônus da clareza.

Note-se que a aplicação do artigo 1.288 do Código Civil espanhol foi realizada por um tribunal administrativo. Os julgadores não revelam qualquer desconforto em tratar seu ordenamento jurídico como uma unidade, em que todas as regras estão disponíveis para todas as situações jurídicas, não havendo motivo para separar normas de Direito Administrativo das normas de Direito Privado. O ordenamento jurídico é uno e, como tal, subsidia a interpretação de todo e qualquer tipo de contrato.

No Brasil ainda existe certo maniqueísmo a distanciar o regramento público do privado, como se houvesse duas ordens jurídicas. Nada mais arcaico e tecnicamente frágil. Não vivemos mais tempos de corporações de ofício, que tinham seu próprio direito e seus próprios tribunais. No Brasil vigora a mesma lei e a mesma corte. Em especial quando se fala de institutos jurídicos como os contratos, não há espaço para afastar *a priori* este ou aquele diploma normativo.

Como unidade de sentido de entendimentos negociais entre partes, o contrato pode e deve ser lido com base em todas as normas que lhe são afetas, independentemente da categoria. Para se afastar a aplicação de qualquer delas é preciso identificar tamanha peculiaridade na avença que, sem esforço exegético, a não incidência da norma deflua de um raciocínio óbvio. Quando é preciso argumentar muito para retirar a incidência de uma disposição legal, deve-se desconfiar da efetiva sustentação do argumento.

Em resumo, o artigo 423 do Código Civil aplica-se à Administração Pública como regra de interpretação, concretizando o princípio da interpretação contra o estipulador toda vez que uma disposição contratual não for clara e não tiver sido debatida durante o processo de contratação.

1.2. Conclusão

Passados os olhos pelas normas disponíveis no ordenamento para interpretação dos contratos públicos, retome-se o caso que inaugurou este capítulo. Maneira interessante de conduzir o processo interpretativo é formatá-lo com perguntas.

Afinal, como interpretar a expressão editalícia "É vedada a participação de empresa que esteja prestando Serviços Recorrentes"? A regra impede a participação no certame de empresa com contrato para, em breve, iniciar os Serviços Recorrentes, ou veta somente aquelas que, no momento da abertura da licitação, estejam efetivamente executando tais atividades?

Alguém poderá dizer que, diante do artigo 66 da Lei nº 8.666/1993, a interpretação deve ser fiel e restritiva. Portanto, se o dispositivo fala de empresas *"que estejam executando Serviços Recorrentes"*, usando o gerúndio, as que ainda não se encontram nesta condição, mesmo já estando contratadas para tal, podem participar da licitação. Essa tese deve, contudo, ser confrontada com os artigos 112 e 113 do Código Civil.

O artigo 112 do Código Civil orienta o intérprete mais à intenção consubstanciada na cláusula do que ao seu sentido literal. Qual seria a intenção do Poder Público ao restringir a participação no Monitoramento de empresas que estivessem realizando os Serviços Recorrentes (que serão monitorados)? O Termo de Referência constante da licitação esclarece ao dispor que *"É vedada a participação de forma individual ou consorciada de empresas que estejam executando Serviços Recorrentes no Porto, para que não se configure conflito de interesses"*. A intenção, portanto, era mitigar conflito de interesses, impedindo que quem executar os serviços monitore a si mesmo.

O artigo 113 traz a boa-fé para o debate. Boa-fé, como se aprofundará no capítulo seguinte, é um padrão de conduta que cria justas expectativas nas contrapartes. O consultor jurídico do contratante público no caso em questão entendeu que a restrição do edital do Monitoramento envolvia apenas as empresas que já estivessem atuando nos Serviços Recorrentes. Para aquelas que pudessem vir a atuar não haveria óbice, pois o Estado poderia, verificado o posterior conflito de interesses, encerrar o contrato de Monitoramento e fazer nova licitação para contratar outra empresa livre do conflito.

Pode-se considerar de boa-fé alguém que sustenta ter direito a firmar um contrato mesmo sabendo que, pouco depois da assinatura, obrigará a contraparte a extinguir a avença em função de um conflito de interesses conhecido *ab initio*? Em outras palavras: sabendo que incorrerá em evento ensejador do término obrigatório de um contrato, está de boa-fé quem, ainda assim, insiste em contratar?

Pergunta final: a interpretação restritiva sugerida pelo artigo 66 da Lei nº 8.666/1993 deve prevalecer sobre a intenção da Administração Pública, declarada nos documentos do certame, de mitigar conflito de interesses e sobre a referência de boa-fé de que ninguém deve contribuir para a extinção de um contrato, mas sim para sua preservação até o término por decurso de prazo ou pleno adimplemento? Utilizando uma balança de bom senso, a resposta deve ser não.

Não atende à razoabilidade deferir a alguém direito de celebrar um contrato que já se sabe terá de ser desfeito por fato vedado de antemão e imputável a este mesmo contratante, mais ainda em função do que o TCU decidiu sobre o caso em representação realizada durante a licitação: "A prática de segregação de funções é uma decorrência direta do princípio da razoabilidade".[27] Não está de boa-fé quem assim se comporta, especialmente quando a outra parte explicitou os motivos da restrição contratual, deixando clara a intenção que a ampara.

Há ainda base dogmática a impedir uma contratação nesse formato. Segundo o artigo 55, XIII, da Lei nº 8.666/1993, é necessário que os contratos públicos prevejam a obrigação do contratado de manter, durante toda a execução da avença, em compatibilidade com as obrigações por ele assumidas, todas as condições de habilitação e qualificação exigidas na licitação. Como o início da execução do contrato para Serviços Recorrentes muda as condições exigidas na licitação, ante a restrição editalícia, jamais a empresa que os executará poderá ser contratada para o Monitoramento.

Uma empresa que, por força de outro contrato, terá de iniciar os Serviços Recorrentes ainda na vigência do contrato de Monitoramento não pode participar da licitação deste, sob pena de obrigar a Administração Pública a pôr fim a uma avença e a licitar outra, inutilizando todo o procedimento licitatório anterior. Além dos artigos do Código Civil e da Lei nº 8.666/1993, diversos princípios aplicáveis a contratos públicos e privados fomentam essa conclusão: razoabilidade, economicidade, eficiência etc.

Falando em princípios, vamos a eles.

---

[27] TC 016.783/2014-0, Segunda Câmara, Rel. Min. Ana Arraes, j. 12 de agosto de 2014.

Capítulo 2
Boa-Fé, Equiíbrio e Função Social dos Contratos

Os princípios aplicáveis aos contratos compõem uma temática jurídica não muito agradável. Em geral, quem precisa escrever longas linhas sobre princípios em petições ou pareceres é porque não domina a dogmática do tema que está enfrentando. No Brasil, o recurso aos princípios tem sido uma espécie de grita daqueles que ou não têm conhecimento, ou não têm direito, ou não têm razão. A culpa, claro, não é dessas pobres figuras jurídicas, mas sim de quem escreve sobre elas. Esses doutrinadores, em grande medida, provocaram um "inflacionamento do uso dos princípios", cuja consequência é semelhante ao efeito nas moedas: a desvalorização.

Tal "lado negro" dos princípios é particularmente perceptível nos contratos com o Estado. Este, sabedor dos efeitos perniciosos da principiologia (apesar de estar rendido aos igualmente malévolos efeitos da ideologia), luta para não permitir sejam suas avenças permeadas por debates em torno de boa-fé e função social. Nem mesmo o equilíbrio é facilmente aceito como princípio. Quando aplicável, tem tratamento fundado em regra (artigo 65 da Lei nº 8.666/1993, por exemplo). Entretanto, apesar dessa resistência, os contratos públicos não se safarão.

A Caixa Econômica Federal (CEF) opera com as lotéricas via contrato de "permissão de serviço público". Como sabido, uma das características desse tipo de avença é a precariedade, o que, em tese, permite ao Poder Público extingui-la unilateral e imotivadamente a qualquer tempo.

Em um caso concreto, um permissionário fez diversos investimentos tanto em infraestrutura como em tecnologia para implantar seu negócio. Porém, 14 (quatorze) meses depois de iniciada a permissão, a CEF decidiu pôr fim ao contrato, de forma unilateral e imotivada. Diante do prejuízo, o permissionário moveu ação judicial. Vejamos como operam os princípios.

2.1. Boa-fé

Há talvez dezenas de definições para boa-fé. Ora se tenta conceituá-la pela substância, ora por suas afecções (os chamados "deveres anexos", que também são infinitos). Muita teoria, muita dificuldade de aplicação prática. De uma maneira declaradamente simplista, este trabalho tratará da boa-fé apenas como padrão de conduta esperado de um contratante. De largada, uma observação para aguçar o raciocínio: se o artigo 422 do Código Civil determina que as partes devem agir com probidade e boa-fé, é porque boa-fé não é algo natural como respirar. Se fosse, não seria necessário um mandamento legal para tanto...

O chamado dever de boa-fé pressupõe a existência de um comportamento de má-fé, e o ordenamento jurídico reconhece esse fato. Recordando o artigo 113 do Código Civil, que remete ao lugar (*rectius*: mercado) da celebração do contrato, é de se imaginar que determinadas relações terão um padrão de boa-fé maior ou menor que outras. Ou seja, boa-fé não é um comportamento cristalizado. Varia conforme o ambiente da contratação, sempre em dualismo com sua antagonista má-fé: onde o padrão de boa-fé é menor, naturalmente haverá mais espaço para a má-fé, e vice-versa.

A função do princípio da boa-fé nos contratos não é santificar os contratantes, mas sim delimitar uma ética, aqui também simploriamente definida como a moral em ação, que todos os indivíduos exercitam a partir de seus valores, sejam eles considerados bons ou ruins. A ética importante para o ordenamento é a do mercado do contrato, e não a que quer o "Direito dos Livros". A tal eticidade das relações pode ser, aos olhos de uns, antiética, mas totalmente aceitável aos olhos dos contratantes de determinado ambiente. O que o Código Civil tutela é simplesmente a expectativa das partes, sejam elas de um padrão alto ou de um padrão baixo de boa-fé. Tanto na compra de um Rolls-Royce em sua loja modelo como na aquisição de carro usado popular no feirão do automóvel há boa-fé. No primeiro caso, a expectativa é maior. No segundo, menor. Ambas são legítimas. O que os vendedores não podem fazer é frustrá-las.

Portanto, boa-fé é um padrão de conduta legitimamente esperado em determinado ambiente contratual. Nas relações com o Estado, por conceito, tal padrão deveria estar no nível mais elevado possível. O Poder Público deveria ser um exemplo de ética fundada em valores do mais alto refinamento. Há até imposição legal nesse sentido. Nos termos do artigo 2º, § único, IV, da Lei nº 9.784, de 29 de janeiro de 1999, nos processos administrativos (os contratos públicos deveriam sempre resultar de um) deverão ser observados critérios de "atuação segundo padrões éticos de probidade, decoro e boa-fé". Porém, a ética do Estado brasileiro tem se alinhado com os mais baixos padrões que se pode imaginar, surpreendendo até mesmo relações privadas em mercados obscuros.

Está aí mais uma esquizofrenia: o Direito sinaliza a expectativa de alto padrão de boa-fé por parte do Poder Público, enquanto a prática mostra precisamente o contrário. Até o Supremo Tribunal Federal já referendou o oportunismo do Estado. Em demanda discutindo a possibilidade de penhora das tarifas cobradas pelo metrô de São Paulo, o então Ministro Nelson Jobim votou pela impenhorabilidade asseverando:

> Todas as empresas prestadoras de serviços – principalmente os de construção –, quando operam com empresas dessa natureza (*empresas estatais*), já embutem no preço todos os riscos decorrentes dessas operações, inclusive as delongas. (...) Então, a regra de mercado já atende às preocupações em relação à seriedade dos trabalhos.[28]

Ou seja, os agentes privados devem esperar que os públicos atuem de má-fé, utilizando de todos os expedientes possíveis para não honrarem suas obrigações. Logo, devem mesmo cobrar mais caro do que cobrariam de uma contraparte privada. Se o Supremo Tribunal Federal acredita que é mais inteligente apoiar o oportunismo estatal, mesmo isto custando mais aos cofres públicos, do que combatê-lo, resta pouca teoria sobre esse tema...

Acontece que, continuando nesse caminho, o Brasil pode chegar a um colapso no campo dos contratos públicos. Se o Estado é reconhecidamente oportunista e, ainda, um devedor contumaz em função do sistema de precatórios, em breve faltará o mínimo de boa-fé necessário para que se formalize um vínculo contratual. Estará presente o que Akerlof denomina "Custo da Desonestidade", capaz de destruir um mercado por tornar tão inseguras suas trocas que nenhum agente se dispõe a contratar em tal

---

[28] STF, Ação Cautelar 669-4, São Paulo, Rel. Min. Carlos Britto, j. 06.10.2005.

ambiente.[29] No âmbito da Administração Pública o reflexo imediato acaba sendo a corrupção, porque o único jeito de se ver um contrato cumprido é subornar o gestor da avença e, por vezes, também os órgãos de controle. O histórico disso no Brasil é amplíssimo.

Se o Estado parece estar autorizado a não agir com boa-fé, com os contratantes privados é diferente. Os poucos julgados que recorrem expressamente a esse princípio como razão de decidir costumam ser rigorosos na avaliação do padrão de conduta do contratado pelo ente público. Para ter reconhecida sua boa-fé, o privado precisa, aos olhos do julgador, revelar alto nível de probidade.

Em um contrato de empreitada global, a aquisição de todos os bens e insumos a serem empregados é responsabilidade direta do construtor, que cobra tudo de forma indissociável conforme avanço físico da obra. Todavia, em alguns casos, dada a especificidade de determinados bens, admite-se que o público efetue pagamento específico de um ativo como se, para tal item, a lógica contratual fosse de preço unitário. Em concreto, a cláusula dispunha[30]:

> admitir-se-ão no cronograma físico-financeiro parcelas relativas à compra de equipamentos e (ou) materiais, para os quais seja necessário efetuar a aquisição, mediante encomenda específica, visto que a CONTRATADA comprove disponibilidade de armazenamento e acondicionamento seguro. Tal prática estará condicionada à apresentação de "Termo de Fiel Depositário", cujo modelo a ser validado pelo CONTRATANTE, deverá estar assinado pela CONTRATADA e acompanhado do documento de quitação assinado pelo fornecedor.

Ao interpretar o dispositivo, o órgão de fiscalização entendeu o seguinte[31]:

> Com o uso do termo encomenda específica, se faz uma restrição ao universo de insumos englobados pela cláusula contratual. Consideram-se como tal aqueles produzidos com características específicas para a obra em questão e que, portanto, não seriam passíveis de serem adquiridos se não fossem realizados por encomenda, uma vez que não seriam produzidos comercial-

---

[29] AKERLOF, George A. The Market for "Lemons": Quality Uncertainty and the Market Mechanism. The Quarterly Journal of Economics, v. 84, issue 3 (Aug., 1970), p. 495.
[30] TCU, AC 0589-10/15-P, Rel. Min. André de Carvalho, j. 25/03/2015.
[31] TCU, AC 0589-10/15-P, Rel. Min. André de Carvalho, j. 25/03/2015.

mente. Como exemplo, podemos citar os elevadores e equipamentos de ar condicionado, que atendem a características específicas da obra. Desta forma a Administração, ao permitir o pagamento de materiais postos em obra cuja aquisição não seja mediante encomenda específica e sem previsão no cronograma físico-financeiro, agiu de forma irregular, contrariando o disposto na Lei 8666/1993: "Art. 66. O contrato deverá ser executado fielmente pelas partes, de acordo com as cláusulas avençadas e as normas desta Lei, respondendo cada uma pelas consequências de sua inexecução total ou parcial".

As empresas se defenderam sustentando que os pagamentos relativos aos equipamentos não representaram benefício para o particular, que apenas recebia após adquiri-los e entregá-los. Do lado do Poder Público, além de economizar com os reajustamentos que não foram aplicados, a estrutura contratual ainda teria viabilizado a execução da obra de maneira mais segura, evitando dificuldades para aquisição de determinados bens em função do aquecimento do mercado.

Criou-se dúvida fundada sobre a abrangência da cláusula contratual relativa a encomenda específica: se deveria ser interpretada restritivamente, apenas para alguns equipamentos, ou se admitira interpretação mais flexível. O TCU, por inspiração da boa-fé, decidiu:

> acolher parcialmente os esclarecimentos prestados pelo Consórcio em relação à irregularidade concernente ao recebimento indevido de parcela do BDI referente a despesas financeiras em face do pagamento antecipado pelo TSE de materiais postos em obra, no montante de R$ 949.777,81, uma vez que, apesar de a prática ser reprovável por gerar riscos à Administração, havia previsão, ainda que dúbia, quanto à interpretação do conceito de encomenda específica, no edital.

A dúvida provocada pela cláusula, refletida na forma como o contrato foi conduzido pelas partes, permitiu entendimento de que a conduta do agente privado era escusável e, portanto, legítima. A exegese restritiva orientada pelo artigo 66 da Lei nº 8.666/1993 deu lugar a uma visão mais maleável inspirada pelo artigo 422 do Código Civil, haja vista o nível de probidade do comportamento dos contratantes em relação ao tema da encomenda específica.

Como dito, casos de reconhecimento da boa-fé do privado são raros, especialmente nas Cortes de Contas. Se assim é, e considerando a condescendência das instituições com a má-fé do Estado, para que serve o princípio em questão no âmbito dos contratos públicos? Por enquanto, para pouca coisa. Ou as autoridades julgadoras passam a admitir sem temor a aplicação efetiva, ampla e firme do artigo 422 do Código Civil às avenças estatais, tal qual disposto no artigo 54 da Lei nº 8.666/1993, ou continuará difícil coibir o oportunismo da Administração Pública e reconhecer a probidade do contratante privado. Presumir que público e privado estão (ou podem estar) sempre de má-fé é incrementar o "Custo da Desonestidade" de Akerlof e, portanto, fazer minguar o mercado da contratação pública.

O caso relatado no início deste capítulo traz, porém, uma esperança. A lotérica moveu ação judicial em face da CEF questionando a extinção abrupta de sua permissão para operar. O Superior Tribunal de Justiça decidiu[32]:

> In casu, a controvérsia perpassa na necessária verificação do conteúdo, natureza e adequação do ato ou contrato administrativo de permissão para a prestação de serviços lotéricos. No caso concreto em foco, apresentam-se para análise perante esta Corte Regional os contratos de permissão de prestação de serviço público pelas casas lotéricas, cujo poder de outorga é atribuído à Caixa Econômica Federal na forma da legislação de regência. Propedeuticamente, mostra-se relevante trazer à baila autorizada orientação doutrinária acerca do instituto da permissão, máxime quanto a sua natureza e implicações. Nesse objetivo, vale citar o magistério de Maria Sylvia Zanella Di Pietro, para quem, *litteris*, "permissão, em sentido amplo, designa o ato administrativo unilateral, discricionário e precário, gratuito ou oneroso, pelo qual a Administração Pública faculta ao particular a execução de serviço público ou a utilização privativa de bem público. O seu objeto é a execução de serviço público ou a utilização privativa de bem público por particular. Daí a sua dupla acepção: permissão de serviço público e permissão de uso." E continua a ilustre doutrinadora, afirmando que "a Lei nº 8.987 referiu-se à permissão em apenas dois dispositivos: no art. 2º, inciso IV, e no artigo 40, pelos quais se verifica que a permissão é definida como contrato de adesão, precário e revogável unilateralmente pelo poder concedente (melhor seria que, ao invés de falar em revogação, que se refere a atos unilaterais, o legislador tivesse falado

---

[32] STJ, REsp 1021113/RJ, Rel. Ministro Mauro Campbell Marques, Segunda Turma, julgado em 11/10/2011, DJe 18/10/2011.

em rescisão, esta sim referente a contratos; o emprego errôneo do vocábulo bem revela as incertezas quanto à natureza da permissão)".

Resumindo, em linhas gerais sustenta-se a precariedade do contrato de permissão, admitindo sua resilição a qualquer tempo pela Administração Pública. Porém, reconhece-se uma exceção:

> Não se pode perder de perspectiva, ainda, que a jurisprudência vem entendendo no sentido de não ser aplicável à permissão o artigo 9º, § 2º da Lei 8.987/95 que dispõe sobre o regime de concessão, porque a hipótese não é de contrato. Assim, a rescisão da permissão, exatamente por ser precária, não enseja qualquer indenização, **salvo as hipóteses que o permissionário fez investimento de vulto** (Cf. AC nº 1998834000293932. TRF-1a Região). Seguindo essa linha de raciocínio, adverte Celso Antônio Bandeira de Mello que "na jurisprudência reflete-se na mesma tendência de aceitar que, em princípio, as permissões de serviço púbico hão de ser consideradas como um ato precário, sem embargo de existirem situações nas quais, in concreto, reputa-se que haverá de lhe ser recusado tal caráter, o que ocorrerá, desde logo, quando concedida a prazo certo e mesmo em outras situações nas quais o **permissionário haja incorrido em pesados investimentos ou venha desenvolvendo a prestação do serviço há longo tempo, bem como nas que estejam reguladas de modo a impor cerceios à livre revogabilidade**". (destacou-se).

Ou seja, havendo investimentos relevantes, não pode a Administração Pública, mesmo diante de um vínculo jurídico conceitualmente precário, extinguir o ajuste a qualquer tempo. O *decisum* pontuou:

> É incontroverso nos autos que o permissionário realizou significativo investimento para a instalação do próprio empreendimento destinado à execução do serviço público delegado, inclusive mediante atesto de padronização do Poder Concedente. Todavia, após poucos meses do início da atividade delegada (14 meses), a Caixa Econômica Federal rescindiu unilateralmente a permissão, sem qualquer justificativa ou indicação de descumprimento contratual pelo permissionário. Assim, no caso concreto, a rescisão por ato unilateral da Administração Pública impõe ao contratante a obrigação de indenizar o contratado pelos danos materiais relacionados à instalação da casa lotérica. **Ademais, sob a perspectiva do Direito Administrativo Consensual, os particulares que travam contratos com a Administração Pública devem**

ser vistos como parceiros, devendo o princípio da boa-fé objetiva (e seus corolários relativos à tutela da legítima expectativa) reger as relações entre os contratantes público e privado. (...) O princípio da lealdade e da boa-fé, na generalidade dos casos, agregado ao da presunção da legitimidade dos atos administrativos naqueloutros, sobretudo se havia previsão legal ou mesmo regulamentar de prazo, impunham tais soluções, as quais acabaram por sensibilizar a doutrina e algumas vezes também os pretórios.

Note-se que, sendo a boa-fé um princípio geral de direito e o princípio da presunção da legalidade dos atos administrativos um princípio básico do Direito Administrativo, a adoção de interpretações que os prestigiem não significa uma liberalidade por parte do intérprete, seja ele juiz ou outro aplicador do Direito, mas representa atendimento obrigatório ao próprio sistema jurídico. (destacou-se).

Expressões interessantes: "Direito Administrativo Consensual", "princípio da boa-fé objetiva" e "atendimento obrigatório ao próprio sistema jurídico". Ou seja, segundo o STJ, a boa-fé é mandatória também para a Administração Pública e nem mesmo prerrogativas exorbitantes, próprias do Direito Administrativo, podem suplantá-la. Além disso, o sistema jurídico é uno, não se podendo afastar regras privadas das relações jurídicas públicas.

O acórdão seria ainda mais profícuo se mencionasse o artigo 473, § único, do Código Civil: "Se, porém, dada a natureza do contrato, uma das partes houver feito investimentos consideráveis para a sua execução, a denúncia unilateral só produzirá efeito depois de transcorrido prazo compatível com a natureza e o vulto dos investimentos". Esta regra consagra a boa-fé no tema da extinção contratual. Nas avenças denunciáveis a qualquer tempo, caso dos contratos precários, as partes podem, isoladamente, terminá-las quando desejarem, observadas eventuais especificidades de cláusulas de aviso prévio, por exemplo. Porém, se a outra tinha expectativa de duração do vínculo, exibida na realização de investimentos consideráveis, a denúncia somente produzirá efeitos quando assegurada a recuperação do capital investido.

O artigo 473 é perfeitamente aplicável aos contratos com o Estado porque seus poderes exorbitantes não podem permitir que atue contra a boa-fé, mesmo sob o argumento da tutela do interesse público. Boa-fé é de interesse público, de modo que este não pode desfigurá-la. A proteção da justa expectativa do contratante privado também é de interesse público.

No caso em questão, a CEF não dispõe de argumentos para deixar de indenizar o permissionário. Se deseja retomar a lotérica, remunere a frustração causada na contraparte que, confiante na duração da avença, realizou investimentos.

Argumenta-se que, diante de contratos precários, não é justa a expectativa sobre sua duração, de modo que quem aporta recursos o faz por conta e risco. Isso pode ser verdade se a própria avença desmontar tal expectativa com previsões claras a respeito. Se não o fizer, está sujeita aos temperos da boa-fé, que ensejarão sempre a pergunta sobre se era razoável imaginar, mesmo diante da realização de determinados investimentos por uma parte, a extinção unilateral do contrato em breve tempo pela outra parte. Como o debate em torno da razoabilidade seria árduo, o artigo 473, § único, do Código Civil oferece referências aos contratantes. Para eliminar a justa expectativa do investidor de permanecer no negócio por longo prazo, será necessária uma cláusula. No silêncio, os efeitos de eventual denúncia terão de aguardar prazo compatível com o montante investido.

Em resumo, a probidade e a boa-fé estabelecidas no artigo 422 do Código Civil devem recair sobre os contratos públicos, indubitavelmente. Não há fundamento jurídico para defender o contrário. Falta é consciência a respeito do tema para se diminuir a tolerância à má-fé da Administração Pública.

2.2. Equilíbrio

Equilíbrio dos contratos públicos deve ser a temática mais enfrentada por doutrina e jurisprudência especializadas no Brasil. Isso é um mau sinal. Se, apesar do amontoado de obras e julgados no assunto, ainda há controvérsias, algo está errado. Considerando que (i) o principal requisito para reequilíbrio é, em tese, imprevisibilidade, e (ii) a experiência deveria aumentar a capacidade de previsão sobre intercorrências contratuais, a questão teria de estar estabilizada, e não em ebulição. Explicação plausível: como os contratos públicos são, em geral, mal concebidos e/ou mal redigidos, os eventos ensejadores de reequilíbrio não são suficientemente neutralizados.

Talvez a própria Lei nº 8.666/1993 contribua para essa fragilidade estrutural dos contratos públicos. Seu artigo 65, II, "d", estipula a necessidade de alteração do contrato entre as partes:

> para restabelecer a relação que as partes pactuaram inicialmente entre os encargos do contratado e a retribuição da administração para a justa remune-

ração da obra, serviço ou fornecimento, objetivando a manutenção do equilíbrio econômico-financeiro inicial do contrato, na hipótese de sobrevirem fatos imprevisíveis, ou previsíveis porém de consequências incalculáveis, retardadores ou impeditivos da execução do ajustado, ou, ainda, em caso de força maior, caso fortuito ou fato do príncipe, configurando álea econômica extraordinária e extracontratual.

O núcleo da hipótese, que absorve a maior parte das ocorrências fáticas, é a imprevisibilidade. A dificuldade está em identificar o que é previsível e o que não é. A capacidade humana de previsão é limitada. Mas há indivíduos com mais competências e tecnologia do que outros nesse assunto e, portanto, detentores de um campo de visão mais abrangente sobre eventos que podem afetar determinados contratos. A Administração Pública, com seus milhares de servidores, de carreira ou não, teoricamente teria um aparato bastante preparado para preencher um contrato com centenas de hipóteses e, assim, mitigar a probabilidade de revê-lo. Na prática, a teoria é outra. Os contratos ou são pobres demais na matriz de risco ou reproduzem um "cópia e cola" de outros casos muitas vezes não compatíveis com os desafios de determinada situação concreta.

Somam-se aos defeitos de formalização dos contratos as falhas de administração contratual. As partes (o privado, inclusive) pecam muito na documentação do andamento da avença. As trocas de notificações, em geral, são insuficientes. Os registros nos documentos formais (diários de obra, por exemplo) são precários. Ou seja, a conformação do mérito dos eventos de desequilíbrio e sua quantificação acabam se mostrando bastante difíceis.

Nesse cenário nebuloso, o volume de pleitos de reequilíbrio de contratos públicos é gritante. Há ainda bastante confusão sobre a qualificação jurídica das disputas. Ora se confundem com fatos da Administração, representados por ações (erros de projeto, por exemplo) ou omissões (desapropriações não realizadas, não liberação de frentes de trabalho para o privado etc.) do Poder Público, ora se misturam a fatos de terceiros (demora em licenciamento ambiental, por exemplo), ora, por fim, envolvem eventos efetivamente imprevisíveis, desconectados de qualquer conduta das partes (abalos econômicos severos).

Fatos da Administração podem ser lidos, à luz da teoria geral dos contratos, como inadimplemento obrigacional. São comportamentos do Poder Público que afetam diretamente determinada avença e, de forma recorrente, correspondem ao não cumprimento de algo que estava pactuado ou ao exercício abusivo de determinada pretensão, configurando abuso de direito nos termos do artigo 187 do Código Civil.[33] Na Lei nº 8.666/1993, o inadimplemento do Estado é tratado no artigo 78, que permite ao privado colocar fim à relação jurídica em caso, por exemplo, de não cumprimento ou cumprimento irregular de cláusulas contratuais, especificações, projetos ou prazos, e também não liberação, por parte da Administração, de área, local ou objeto para execução de obra, serviço ou fornecimento, nos prazos contratuais, bem como das fontes de materiais naturais especificadas no projeto.

Mesmo frente a tais fatos da Administração, em nome do princípio da preservação dos contratos procura-se recompor a equação econômico-financeira da avença e conservá-la tanto quanto possível até seu término. Muitas vezes é preciso praticamente redesenhar o ajuste, como ocorrido no caso narrado na introdução desta obra. Por conta disso, é até de se questionar se faz sentido a existência dos tais "poderes exorbitantes", enquadráveis como fatos da Administração. A efetivação deles, na esmagadora maioria dos casos, destrói valor em vez de gerá-lo para o empreendimento. O que, em tese, seria a válvula de escape para assegurar o onírico interesse público termina, na prática, desfigurando contratos, onerando as partes contratuais (público e também privado) e deixando um rastro de improbidades de toda sorte (até mesmo de atos ilícitos). Porém, os teóricos clássicos ainda querem um Leviatã superpoderoso no mundo dos contratos públicos.

Os fatos de terceiros, por sua vez, referem-se recorrentemente a outras esferas estatais distintas do ente contratante. É a burocracia, que precisa colocar sua assinatura em tudo o que se vai executar em certa avença. O conjunto de licenças, alvarás e outros tipos de autorizações demandados para a realização de obras ou prestação de determinados serviços é tamanho que, em função da demora na expedição ou da quantidade de exigências, a execução de um contrato pode ser bastante prejudicada. Não são ocorrências propriamente imprevisíveis (muitas vezes são previsíveis, de consequências incalculáveis), mas ensejam ajustes contratuais por se tratar

---

[33] Art. 187. Também comete ato ilícito o titular de um direito que, ao exercê-lo, excede manifestamente os limites impostos pelo seu fim econômico ou social, pela boa-fé ou pelos bons costumes.

de riscos naturalmente alocados ao Estado que deve, portanto, equacionar o balanço econômico-financeiro do contratante privado.

Por fim, restam os casos fortuitos ou de força maior e o fato do príncipe. Observe-se que o artigo 65, II, "d", da Lei nº 8.666/1993, atribui a tais eventos uma qualificadora, qual seja, a de configurarem álea econômica extraordinária e extracontratual. Somente nesta dimensão provocam reequilíbrio contratual. Há em doutrina e jurisprudência diversas definições para álea econômica extraordinária e extracontratual. A visão comum é de que pressupõem (i) impossibilidade de antecipação do evento no contrato e (ii) impacto relevante dele na relação entre prestações e contraprestações contratuais. Um caso fortuito já delineado na avença ou cujas consequências sejam pouco significativas pode não sustentar um pleito de reequilíbrio.

Apesar de contar com algumas balizas, o equilíbrio econômico-financeiro dos contratos públicos abrange gama ampla de eventos. No Direito Privado o campo é mais restrito. As regras principais são o artigo 317[34] e o artigo 478[35] do Código Civil. O primeiro cuida do desequilíbrio dentro de uma mesma prestação contratual (desequilíbrio intraprestacional). O segundo enfoca o desequilíbrio entre prestação e contraprestação (desequilíbrio interprestacional).

O artigo 317 cobre o impacto de eventos imprevisíveis sobre uma prestação de execução diferida. Uma variação cambial brusca, por exemplo, pode justificar reprogramação de um contrato, se provocar "desproporção manifesta" entre o valor contratado e o valor a ser liquidado quando do vencimento da obrigação. O dispositivo tem ares de subjetividade, especialmente porque defere ao juiz decidir sobre o "valor real" da prestação, sem dar diretrizes para tanto. O artigo 478, por sua vez, é mais complexo, porque exige, além de onerosidade excessiva para uma parte, extrema vantagem para a outra, em função de eventos não apenas imprevisíveis, mas também extraordinários.

---

[34] Art. 317. Quando, por motivos imprevisíveis, sobrevier desproporção manifesta entre o valor da prestação devida e o do momento de sua execução, poderá o juiz corrigi-lo, a pedido da parte, de modo que assegure, quanto possível, o valor real da prestação.

[35] Art. 478. Nos contratos de execução continuada ou diferida, se a prestação de uma das partes se tornar excessivamente onerosa, com extrema vantagem para a outra, em virtude de acontecimentos extraordinários e imprevisíveis, poderá o devedor pedir a resolução do contrato. Os efeitos da sentença que a decretar retroagirão à data da citação.

Ao demandar demonstração de benefício da contraparte e de que a ocorrência, além de não prevista na avança, não poderia tê-lo sido e, por isso, é extraordinária, limita a possibilidade de revisão de um contrato privado de execução continuada. Não basta, como na Lei nº 8.666/1993, a imprevisibilidade para os eventos em geral e o impacto econômico extraordinário para as hipóteses específicas de caso fortuito, força maior e fato do príncipe. É preciso haver tanto imprevisibilidade como extraordinariedade, associadas a uma "extrema" vantagem do outro contratante.

O Código Civil tem, portanto, um caminho menos objetivo de revisão das avenças de execução diferida (artigo 317), e outro mais balizado cobrindo tanto essas avenças como aquelas de trato sucessivo (artigo 478). A escolha da regra depende do tipo contratual e dos efeitos do evento de desequilíbrio (se limitados a uma das partes ou se com impacto em ambas). Comparando com o artigo 65, II, "d", da Lei nº 8.666/1993, vê-se que, em qualquer situação, o Código Civil é mais rigoroso. No artigo 317 exige, ao lado da imprevisibilidade, a "desproporção manifesta". No artigo 478 pede imprevisibilidade, extraordinariedade e extrema vantagem. A regra da Lei de Licitações requer somente imprevisibilidade, admitindo, até mesmo, previsibilidade se as consequências forem incalculáveis, ou, ainda, caso fortuito ou de força maior geradores de álea econômica extraordinária e extracontratual. Não há referência nem aos contratantes nem às prestações, mas somente aos eventos de desequilíbrio. A diferença de premissas torna mais fácil reequilibrar um contrato público do que um privado.

Discussão interessante surge quando se está diante de contratos firmados por empresas públicas ou sociedades de economia mista. O artigo 173, § 1º, II da Constituição Federal determina:

> A lei estabelecerá o estatuto jurídico da empresa pública, da sociedade de economia mista e de suas subsidiárias que explorem atividade econômica de produção ou comercialização de bens ou de prestação de serviços, dispondo sobre:
> II – a sujeição ao regime jurídico próprio das empresas privadas, inclusive quanto aos direitos e obrigações civis, comerciais, trabalhistas e tributários.

Muitos separam as empresas que exploram atividade econômica daquelas que prestam serviços públicos para sustentar que o regime de Direito Privado impõe-se somente àquelas, e não a estas. Tal pensamento leva a um debate mais abstrato do que é atividade econômica versus serviço público.

Metrô não é atividade econômica? Correio não é atividade econômica? Operação aeroportuária não é atividade econômica? Talvez separar esses conceitos faça sentido para pouquíssimas áreas, mas certamente não faz para grande parte das empresas estatais. Sem aprofundar o tema, é interessante recuperar precedente do TCU a respeito.

Em contrato da Petrobrás envolvendo construção de plataformas petrolíferas semi-submersíveis houve pleito de reequilíbrio por parte do privado em função de variação cambial.[36] A fiscalização da Corte de Contas apontou o seguinte:

> Quanto à onerosidade excessiva em função de fato extraordinário ou superveniente no câmbio, deve-se considerar que a Jurong Shipyard quando contratou com a Petrobras/PNBV tinha pleno conhecimento de que suas receitas seriam em moeda norte-americana, e de que uma parcela significativa de suas despesas, cerca de U$ 400 milhões, seriam realizadas em reais, por conta do requisito de conteúdo nacional mínimo. Porquanto, há que se considerar que poderia haver descasamento entre receitas e despesas em função das moedas envolvidas ao longo da vigência do contrato.
>
> O risco resultante de descasamentos de posições em moedas estrangeiras é um tipo de risco de mercado gerenciável. Caso o agente econômico não consiga compensá-lo com receitas de outras atividades, pode recorrer, a qualquer momento, a operações de "hedge", amplamente disponíveis no mercado, para se proteger de possíveis oscilações desfavoráveis no mercado câmbio.
>
> Embora o descasamento de moedas possa ser rentável, caso as previsões de mercado de câmbio estejam favoráveis, eventos inesperados e/ou simples volatilidade podem acarretar prejuízos substanciais comprometendo não apenas o lucro da empresa, mas a própria execução do contrato.

Assim, se a Jurong Shipyard, de fato, não adotou providências no sentido de se proteger de possíveis oscilações desfavoráveis do câmbio, o fez por sua conta e risco, não cabendo, portanto, alegar onerosidade excessiva por fato extraordinário e imprevisível.

Em sua defesa, o agente privado mencionou a Decisão nº 464/2000, do Plenário, em que o TCU se manifestou favoravelmente no sentido de permitir a revisão contratual para realinhamento de preços, decorrente de variação cambial extraordinária quando da desvalorização do real frente

---

[36] AC 3282-54/11-P, Rel. Min. Augusto Nardes, 2011.

ao dólar em 1999, face à distorção entre valores recebidos e os encargos suportados pela contratada. Porém, os técnicos do TCU fixaram:

> Como demonstrado por esta Unidade Técnica no relatório de auditoria, as concessões de reequilíbrio econômico-financeiro do contrato decorrente de variação cambial no caso da P-52 e da P-54 não observaram o requisito fundamental da inevitabilidade, pois, de acordo com nosso entendimento, diante das circunstâncias que cercavam a celebração do contrato (vedação contratual de revisão e reajuste, realização de hedge pelas contratadas no exterior, conteúdo nacional mínimo, descasamento da moeda, previsibilidade decorrente do regime cambial flutuante vigente), haveria instrumentos de proteção cambial disponíveis e hábeis a mitigar na maior parte os riscos enfrentados pelas contratadas, bastando-lhes ter agido com diligência e de acordo com a prática de mercado para se protegerem. Não o tendo feito, não se apresenta razoável pretender repassar um eventual prejuízo à Petrobras ou à PNBV.

Em conclusão, consolida:

> o fato de as expectativas existentes à época das licitações não terem se concretizado não significa, necessariamente, a aplicação automática da teoria da imprevisão para a revisão dos contratos com base em onerosidade excessiva, pois para tal há necessidade de que os acontecimentos sejam extraordinários e imprevisíveis, conforme dispõe o art. 478 do Código Civil.

O artigo 478 foi lembrado para barrar o reequilíbrio, dadas as restrições que esta regra impõe. Nunca se sabe, porém, quando as escolhas de regime jurídico são feitas por mera conveniência. Ora se defende a incidência do Código Civil sob argumento de que, para algumas empresas estatais, o regramento é de direito privado. Ora se afasta aquele diploma sob o discurso de que, em nome do interesse público, devem prevalecer as regras publicistas. Para a Administração Pública pode ser interessante contar com os dois regimes e utilizá-los à luz de seus interesses específicos. Suas contrapartes, contudo, ficam fragilizadas por não saberem quais mecanismos jurídicos devem operar.

Do ponto de vista conceitual, não deveria haver diferenças entre contratos públicos e privados nesse assunto. Entretanto, *legem habemus*, e a Lei nº 8.666/1993 é, de fato, distinta do Código Civil. Como o debate é pouquíssimo travado, parece haver larga caminhada até se cristalizar uma posição sobre como navegar nessa seara. Ponto de partida para a reflexão pode ser avaliar o nível de incidência do Direito Privado em determinado contrato público, tema do Capítulo 4.

2.3. Função Social

Por último, a temida função social, um dos conceitos mais debatidos no Direito Privado a partir do Código Civil de 2002. Temida porque, até hoje, não se tem clareza do seu sentido e de sua abrangência. A dimensão do seu impacto nos contratos não está posta em definitivo: se promove revisão, extinção, responsabilização por perdas e danos ou todas as anteriores. O artigo 421 é simplório ao dizer simplesmente que "A liberdade de contratar será exercida em razão e nos limites da função social do contrato". Já escrevemos que:

> O artigo 421 do Código Civil prescreve que a liberdade de contratar será exercida em razão e nos limites da função social do contrato. De uma frase tão curta surgiram discussões longuíssimas que, na prática, criaram grande confusão sobre o sentido da norma. Alguns buscaram sua inspiração na função social da propriedade, outros na dignidade da pessoa humana, outros na ideia de solidariedade. Em todos os casos, verifica-se a miopia que não vê o quanto os contratos diferem entre si. Como o mandato poderia ter a mesma função social da compra e venda, do seguro, do leasing? Isso só para ficar naqueles que, legal ou socialmente, são tipificados. Imagine-se quando são acrescentados os negócios atípicos nessa ponderação. É absolutamente irracional sustentar que todos tenham a mesma função social. (...) Mas se não existe um conceito unitário de função social, como caracterizá-la? Já que cada contrato tem a sua, não há alternativa senão entender que corresponde à utilidade concreta da avença, ou seja, ao "para que" ela serve. Assim, a função social de um contrato deixa de ser atendida quando ele se torna inútil ou quando o seu propósito, estabelecido por lei ou pelas partes, é desvirtuado ou frustrado por ação dos contratantes ou por fatores externos. A análise é casuística e depende do programa contratual estruturado desde a formação do negócio. Não cabe, pois, generalizar um conceito ou configurá-lo como dogma abstrato.[37]

Se o princípio é obtuso para os contratos privados, que se dirá para os públicos. Têm estes função social? Claro que sim, como qualquer con-

---

[37] ZANCHIM, Kleber Luiz. Cada contrato tem uma função social. **Valor Econômico**, 27.05.2013.

trato. E qual seria? Como qualquer contrato, depende do caso. Um contrato de obra terá certa função, o de serviços outra, o de concessão outra e assim por diante.

A função social é o atendimento do interesse público? De forma alguma. Jamais. Função é o "para que" o contrato serve. Materializa-se depois de sua celebração. É um posterius. Interesse público é um prius. Como exposto no item I.1.3 acima, interesse público é um tipo de "causa pressuposta" da avença, entendido como algo logicamente anterior ao próprio negócio e que o justifica. É externo ao contrato e apenas o legitima. A função social, por sua vez, corresponde ao objetivo prático pretendido pelos contratantes, fazendo parte do desenho da avença. A expressão "em razão" do artigo 421 do Código Civil indica que, em um caso concreto, a liberdade de contratar deve ser exercida para viabilizar a função social de um contrato. Esta, sendo o propósito efetivo de determinada avença, tem a capacidade de limitar as manifestações de vontade dos próprios contratantes. Se bem compreendi, de certa maneira esse entendimento é admitido por Ana Rita de Figueiredo Nery:

> o largo espaço de trânsito do intérprete possibilitado pela utilização de contratos administrativos como veículo de realização das atividades estatais não justifica o desapego ao núcleo de efeitos jurídicos buscado pelas partes no momento da avença. A bem da verdade, tão mais celebrada será a exploração desse espaço – inalcançável por uma política legiferante – quanto maior a legitimidade no espectro objetivo consensualidade, no qual se inclui a causa do contrato.[38]

Vale dizer ainda que, segundo seu conteúdo normativo, a função social não orienta preocupação com os sujeitos do contrato, muito menos com terceiros externos à relação contratual. Ocupa-se exclusivamente do próprio negócio jurídico ao determinar que a conduta dos contratantes deve estar pautada para assegurar a utilidade concreta dele, utilidade esta que é, ao mesmo tempo, motivadora e limitadora da liberdade de contratar.[39]

---

[38] NERY, Ana Rita de Figueiredo. **A Causa do Contrato Administrativo**: Análise do Conteúdo Contatual como Parâmetro de Aplicação do Princípio da Eficiência. Rio de Janeiro: Lumen Juris, 2011, p. 63.

[39] Cf. ZANCHIM, Kleber Luiz. O Contrato e seus Valores. In: Antonio Jorge Pereira Júnior e Gilberto Haddad Jabur. (Org.). **Direito dos Contratos II**. São Paulo: Quartier Latin, 2008,

Em resumo, os contratos administrativos têm cada qual uma função social, que não se confunde com o interesse público e não é simplesmente um princípio geral, mas sim uma dimensão particular e concreta dos objetivos da avença.

Visando a fomentar o desenvolvimento econômico local, um Município criou por meio de lei um "Programa de Desenvolvimento" segundo o qual doaria áreas públicas para empresas comprometidas em implantar empreendimentos na cidade. Vários empreendedores aderiram, em sua maioria para estabelecerem pequenos negócios. Vários empreendedores aderiram, em sua maioria para desenvolvimento de pequenos negócios.

Todavia, boa parte dos aderentes dispunha de baixa capacidade de investimento, ao que se somaram os empecilhos na obtenção de financiamentos ante às restrições de utilização dos imóveis como garantia. Resultado: as condições pactuadas com o Município não foram cumpridas pelos privados na forma e nos prazos estabelecidos. Apesar disso, alguns mostravam capacidade de concluir os investimentos, desde que seus prazos fossem alongados. Outros, porém, certamente teriam de abandonar o negócio.

Frente a esse cenário, o Município editou novas leis flexibilizado os encargos sobre a doação dos imóveis, a fim de viabilizar os empreendimentos remanescentes. Entretanto, o Ministério Público moveu ações para ver revertidas as doações cujas condições não haviam sido integralmente cumpridas pelos donatários. Em um dos casos, a empresa "Maria de Fátima Araújo Silva – Mercearia" sustentou que atendeu, tanto quanto possível, os encargos contratuais, nunca paralisou suas atividades, não alienou o imóvel, pagou todos os tributos, respeitou o meio ambiente e manteve certo número de empregados.

No julgamento de apelação interposta pelo Ministério Público, o Tribunal de Justiça de São Paulo entendeu que:

> Diante do fim público e do interesse social envolvido, não se pode extinguir o contrato pelo mero atraso em sua execução, mesmo sendo um contrato administrativo, tendo em vista o princípio da função social dos contratos. (...) No caso, a manutenção do pacto acarreta maiores benefícios à população do Município do que a sua extinção. (...) Assim, não há prejuízo na aplicação do princípio da função social do contrato neste caso (art. 421, do Código Civil). Por outro lado, não há que se falar em desrespeito ao patrimônio público

v. 1, p. 263 e *ss*.

no caso, posto que o que interessa ao Município, no momento, é priorizar o cumprimento dos contratos e a consecução dos objetivos sociais almejados com o programa de desenvolvimento implantado, gerando empregos, renda e impostos, com a promoção de seu desenvolvimento (...).[40]

O julgamento, proferido por Câmara de Direito Público da Corte Paulista, adota interpretação sobre a função social do contrato para amenizar o rigor de suas cláusulas e preservá-lo considerando o fim desejado pelos contratantes: doação de imóvel público para implantação de empreendimento que gere valor para a cidade. Isso fica claro no alinhamento de interesse das partes. O Município flexibilizou os encargos para não desconstruir seu "Programa de Desenvolvimento", materializado pelos contratos de doação. Maria de Fátima perseverou na implantação de sua mercearia, a despeito de todas as dificuldades de cumprimento de referida avença. Assim, mesmo perante a rigidez dos contratos administrativos, esboçada por normas como o já comentado artigo 66 da Lei nº 8.666/1993, o artigo 421 do Código Civil fez valer a lógica da utilidade concreta da avença.

Exigir que o Município revogasse a doação por descumprimento de encargo seria fazê-lo violentar sua liberdade de contratar exercida na origem (e "em razão" da função social do contrato), que objetivava fomentar, avença a avença, determinadas atividades econômicas. Tentar fazer prevalecer as duras regras do Direito Administrativo resultaria em confronto com o próprio bom senso.

Note-se que, no caso, o artigo 421 do Código Civil não foi aplicado "supletivamente", como aponta o artigo 54 da Lei nº 8.666/1993. Foi aplicado para superar o artigo 66 da mesma Lei, afastando-o. A posição do julgado revela o equilíbrio de força normativa entre as regras públicas e as privadas, consolidando a visão da unicidade do ordenamento brasileiro. Não há hierarquia entre as leis disciplinadoras dos contratos públicos e o Código Civil. A incidência de cada qual será definida in casu, considerando a abrangência dos seus respectivos conteúdos.

Retomando o caso da permissão da CEF para instalação de lotéricas, a decisão de extinguir o contrato também pode ser analisada à luz do princípio da função social. A extinção se operaria por denúncia da avença.

---

[40] TJSP, Apelação nº 0000777-09.2012.8.26.0246, 3ª Câmara de Direito Público, j. 18 de novembro de 2014.

Denúncia é negócio jurídico unilateral com eficácia terminativa. Ou seja, representa clara manifestação da liberdade negocial do denunciante para pôr termo a certa relação jurídica. Tal liberdade, porém, é temperada pela função social do contrato a denunciar. Como a CEF optou por uma denúncia imotivada de ajuste em que a contraparte fez importantes investimentos, o artigo 421 se somaria ao artigo 473, § único, ambos do Código Civil, para bloquear a resilição até o decurso do prazo compatível com a natureza e o vulto do que foi investido.

Em outras palavras, a denúncia contratual pretendida pela CEF frustraria a função social do contrato de permissão, que é delegar a terceiro o direito de explorar lotérica mediante a realização de certos investimentos. Com a denúncia, a CEF transformaria um contrato revestido de certo sinalagma em uma "doação" do privado, já que este não teria condições de recuperar seu capital. Essa desnaturação da utilidade concreta do ajuste não é tolerada pelo princípio em comento.

É fato, porém, que quando há regra (no caso, o artigo 473, § único, do Código Civil), dispensam-se os princípios. Portanto, a menção à função social do contrato tem aqui simplesmente o papel de sinalizar uma reflexão. Essa ressalva é importante porque o uso desenfreado dos princípios deve ser evitado para não contaminar o pensamento lógico e retilíneo que um Direito pragmático, voltado à solução (e não à criação) de problemas, deve perseguir.

A função social, em particular, tem tido aplicação bastante perniciosa para os contratos. Em vez de os fortalecer como instrumento de pacificação, vem transformando-os em um fator de crise. No lugar de tutelar sua utilidade concreta, coloca seu cumprimento em risco. É um princípio que, desvirtuado como está, não ajuda. Portanto, apesar de ser inquestionavelmente aplicável aos contratos públicos, sua utilização deve ser parcimoniosa.

2.4. Conclusão

Os princípios contratuais privados são poderoso instrumento para corrigir distorções corriqueiras nas relações público-privadas, desde a má-formação da avença até abusos oriundos de condutas o mais das vezes ancoradas nos chamados "poderes exorbitantes" da Administração Pública.

A boa-fé, que tem ainda vasto caminho de desenvolvimento nos contratos firmados pelo Estado, serve para combater-lhe o oportunismo, dando conteúdo mais claro ao tantas vezes repetido princípio da moralidade pública. Os aplicadores do Direito, especialmente os órgãos de controle, precisam eleger o padrão de conduta que esperam do Poder Público e, a partir disso, começar a sancionar desvios.

O equilíbrio, bastante mais sofisticado no Código Civil do que na Lei nº 8.666/1993, tem maior efeito pedagógico do que prático nos contratos públicos. Como, por disposição legal, é mais simples reequilibrar um ajuste estatal do que um privado, a maior contribuição do Código Civil é orientar para incrementos de dedicação na elaboração das avenças, especialmente no tocante à matriz de riscos, a fim de que o maior número possível de eventos seja considerado, relegando ao campo da imprevisibilidade somente aquilo que, mesmo para contratantes experientes, não seja possível antecipar.

Por fim, a função social pode funcionar como contraponto ao uso desvirtuado do "interesse público" que, por vezes, desintegra os contratos. Ao atuar na preservação da utilidade concreta destes, tal princípio cria limites às iniciativas das partes, inclusive a Administração Pública, em relação à história do contrato. Como o interesse público é causa pressuposta da avença, não pode ser utilizado para deformá-la. A função social surge, então, como um sistema de "freios e contrapesos" na conservação do negócio jurídico.

Observação importante, porém, é que os princípios devem ser utilizados com critério para não se transmudarem de remédio em veneno. Sua incidência deve sempre solidificar a lógica natural dos contratos como instituto jurídico, que é assegurar a essência do que foi pactuado pelas partes no exercício de sua autonomia.

Autonomia, aliás, não é tema muito explorado nos debates sobre os contratos públicos. Todavia, estes são claramente produto daquela. Quando o Estado contrata, desenha normas para si mesmo no caso concreto. Por mais que se queira negar essa autodeterminação pública, com visões antigas sobre princípio da legalidade ou interesse público, é fato que contratar é dispor e se vincular ao mesmo tempo. Portanto, o contratante público manifesta sim uma autonomia na formação de suas avenças e sua vontade fica plasmada no instrumento contratual, juntamente com a vontade da contraparte privada. O papel dos princípios é clarear essas vontades, objetivá-las reconhecendo o contrato como uma criatura e oferecer soluções para evitar ou contornar crises recorrentes na vida contratual, inclusive na seara do inadimplemento, objeto de análise do próximo capítulo.

Capítulo 3
Inadimplemento das Obrigações Contratuais

Como os princípios têm impacto importante na temática do inadimplemento contratual, tratar deste depois de revisitá-los torna a reflexão mais fácil. O capítulo mostra de forma ainda mais evidente que as diferenças entre contratos privados e públicos estão cada vez menores, dada a influência das disposições de Direito Privado nestes últimos.

3.1. Inadimplemento e boa-fé

A boa-fé "nubla" o inadimplemento. Por trazer à baila figuras como "adimplemento substancial", viabiliza discussões sobre se determinado comportamento, ainda que contrário a certa cláusula contratual, configura ou não o descumprimento de uma obrigação.

Uma empresa participa há anos de certames licitatórios, especialmente no fornecimento de mercadorias para as Forças Armadas. Por falta de matéria-prima, ficou impossibilitada de entregar a mercadoria na data aprazada, fazendo-o de forma parcelada. Desde que vislumbrou o risco de problema no fornecimento, manteve o contratante público informado. Este não aceitou nenhuma das justificativas e aplicou à contratada a sanção de suspensão temporária de participação em licitação por período de seis meses.

A empresa impetrou mandado de segurança. A ação chegou ao Superior Tribunal de Justiça, que decidiu, amparado nos fundamentos de decisão *a quo*, o seguinte:[41]

---

[41] REsp 914.087/RJ, Rel. Ministro José DELGADO, PRIMEIRA TURMA, julgado em 04/10/2007, DJ 29/10/2007, p. 190.

Como ficou evidenciado nos autos, bem como devidamente analisado na sentença, **inexiste dúvida a respeito do inadimplemento** relativo da obrigação assumida pela impetrante, ora Apelada, no que tange ao fornecimento dos produtos à Administração Pública militar. Contudo, **a questão central gira em torno da razoabilidade e proporcionalidade** da sanção aplicada à impetrante, porquanto houve mero atraso que, por sua vez, se justificara em razão de circunstâncias alheias à vontade da contratada. Ademais, como ficou patenteado nos autos, **houve mero atraso** no cumprimento das prestações pela impetrante, **sendo certo que a própria Administração militar recebeu parte dos produtos fornecidos sem qualquer ressalva, o que pressupõe algum tipo de moratória concedida para o adimplemento total da obrigação**. Na contemporaneidade, os valores e princípios constitucionais relacionados à igualdade substancial, justiça social e solidariedade, fundamentam mudanças de paradigmas antigos em matéria de contrato, **inclusive no campo do contrato administrativo que, desse modo, sem perder suas características e atributos do período anterior, passa a ser informado pela noção de boa-fé objetiva, transparência e razoabilidade no campo pré--contratual, durante o contrato e pós-contratual**. Assim deve ser analisada a questão referente à possível penalidade aplicada ao contratado pela Administração Pública, e desse modo, o art. 87, da Lei nº 8.666/93, somente pode ser interpretado com base na razoabilidade, adotando, entre outros critérios, a própria gravidade do descumprimento do contrato, a noção de adimplemento substancial, e a proporcionalidade. Na verdade, a penalidade aplicada tomou por base mero atraso no cumprimento das prestações pela impetrante, sem demonstração de prejuízo para a Administração Pública. Ressalte-se, ainda, que a administração recebeu parte dos produtos fornecidos sem nenhuma ressalva, o que denota ter consentido com a mora a que incidiu a empresa.

Ou seja, mesmo no sacralizado contrato administrativo tradicional, entendeu-se pela possibilidade de aplicação da teoria do adimplemento substancial, segundo a qual é defeso ao credor declarar inadimplida uma obrigação cujo cumprimento, ainda que não integral, foi suficiente para tornar-lhe útil a prestação. Esse entendimento decorre fundamentalmente da boa-fé, em particular na sua manifestação de controle do abuso de direito nos termos do artigo 187 do Código Civil.[42]

---

[42] Art. 187. Também comete ato ilícito o titular de um direito que, ao exercê-lo, excede manifestamente os limites impostos pelo seu fim econômico ou social, pela boa-fé ou pelos bons costumes.

Pratica abuso de direito e, portanto, comete ato ilícito quem excede limites impostos pela boa-fé. Para o adimplemento substancial, isso ocorre toda vez que há inflexibilidade diante do quase cumprimento da obrigação pelo devedor. Uma das principais métricas para aferir esse cumprimento é a existência ou não de prejuízos ao credor. Quando estes não existirem, ou forem desprezíveis, haja vista a parcela adimplida pelo devedor, ter-se-ia a obrigação por cumprida. Assim, a boa-fé mais uma vez contemporiza o rigor das avenças públicas.

Isso acontece também em relação às penalidades contratuais ante o artigo 413 do Código Civil, que remete à boa-fé na sua função *corrigendi* (de corrigir) ao permitir ao juiz usar critérios de razoabilidade para reduzir multas:

> Art. 413. A penalidade deve ser reduzida equitativamente pelo juiz se a obrigação principal tiver sido cumprida em parte, ou se o montante da penalidade for manifestamente excessivo, tendo-se em vista a natureza e a finalidade do negócio.

O TCU analisou caso em que se discutia a aplicação de multa de 5% (cinco por cento) do valor do contrato ao privado em função do atraso no fornecimento de medicamentos, assunto bastante sensível. O contratado sustentou que, até a data limite de entrega, disponibilizara 80% (oitenta por cento) dos itens contratados, não tendo havido prejuízos à Administração Pública. A Corte de Contas asseverou:[43]

> De fato, o art. 413 do Código Civil estabelece que a penalidade deve ser reduzida quando a obrigação principal tiver sido cumprida em parte, ou se o montante da penalidade for manifestamente excessivo. Ademais, a legislação civil aplica-se subsidiariamente às regras de contratação da administração pública, conforme dispositivo expresso na Lei 8.666/93, art. 54, notadamente quanto a regras da teoria geral dos contratos e a disposições do direito privado. Essa disposição pode impactar no nexo de causalidade e, assim, extinguir qualquer pretensão punitiva a respeito, pois não haveria prejuízo a usuários do SUS.

No Acórdão o TCU não reduziu, mas sim eliminou a penalidade, imprimindo interpretação abrangente do artigo 413 do Código Civil. Trata-se

---

[43] AC-1506-23/15-P, Plenário, Rel. Min. Raimundo Carreiro, Acórdão 1506/2015.

de importante referência de como o Direito Privado também pode ser evoluído nos debates dos contratos públicos.

Observa-se, pois, que a boa-fé torna a discussão sobre inadimplemento contratual e suas consequências mais complexa, em particular nas avenças estatais, tradicionalmente interpretadas de forma rigorosa pelos operadores do Direito Administrativo. Para consolidar o descumprimento e aplicar as respectivas penalidades, o Estado deve estar preparado para um embate principiológico cada vez mais profundo.

3.2. Inadimplemento e equilíbrio contratual

É muito comum que empresas privadas pleiteiem recomposição da equação econômico-financeira das avenças em casos de descumprimento de obrigações pela Administração Pública. Além de alguma impropriedade técnica, há ainda um "modo de escrever" que se esquiva do tema jurídico concreto. Em vez de dizerem claramente que sua contraparte pública descumpriu, por ação ou omissão, determinada disposição contratual, afirmam que o negócio jurídico deve ser reequilibrado por "fatos a que o contratado não deu causa", no lugar de pontuarem peremptoriamente "fatos a que o contratante deu causa". É um temor de imputar certa violação contratual ao "cliente" que, no fundo, piora a confusão entre inadimplemento e equilíbrio, porque "fatos a que o contratado não deu causa" podem representar tanto uma quanto outra situação jurídica.

Para dizer o óbvio, inadimplemento é o não cumprimento, total ou parcial, de uma obrigação. Conforme o artigo 389 do Código Civil, "não cumprida a obrigação, responde o devedor por perdas e danos, mais juros e atualização monetária segundo índices oficiais regularmente estabelecidos, e honorários de advogado". O inadimplemento decorre de ação ou omissão, via de regra culposa, nos termos do artigo 392 do Código Civil:

> Art. 392. Nos contratos benéficos, responde por simples culpa o contratante, a quem o contrato aproveite, e por dolo aquele a quem não favoreça. Nos contratos onerosos, responde cada uma das partes por culpa, salvo as exceções previstas em lei.

Inadimplemento não extingue o vínculo obrigacional. Ao contrário, é fonte de uma obrigação específica: a de indenizar. Assim, toda vez que a Administração Pública descumpre uma obrigação, o pedido do privado deve ser indenizatório. A situação é completamente diferente do reequilíbrio.

Relembrando, para se falar de reequilíbrio é preciso, na dicção do artigo 65, II, da Lei nº 8.666/1993, haver fatos imprevisíveis, ou previsíveis, porém de consequências incalculáveis, retardadores ou impeditivos da execução do ajustado, ou ainda caso fortuito ou de força maior ou fato do príncipe ensejadores de álea econômica extraordinária e extracontratual. Observe-se que não há referência a condutas imputadas às partes no respectivo contrato (mesmo o fato do príncipe é medida estatal de natureza geral). Os fatores de desequilíbrio em sentido estrito são essencialmente externos.

O principal motivo da confusão entre os pedidos de indenização e reequilíbrio deve-se ao fato de os primeiros remeterem ao assunto dos precatórios. Os privados não o formulam em função da altíssima probabilidade de um agente público interpretar que, em sendo pleito indenizatório, não pode ser deferido no âmbito do contrato, cabendo ao privado mover ação judicial e aguardar a interminável fila de credores do Estado. Isso porque o artigo 65 da Lei nº 8.666/1993 não autorizaria aditivo contratual para equalizar inadimplemento.

Essa leitura restritiva da norma é desarmônica com os contornos gerais da lei e induz à utilização de subterfúgios. O artigo 57, § 1º, da Lei nº 8.666/1993 estabelece que os prazos dos contratos podem ser prorrogados, assegurada a manutenção do seu equilíbrio econômico-financeiro, por "omissão ou atraso de providências a cargo da Administração, inclusive quanto aos pagamentos previstos de que resulte, diretamente, impedimento ou retardamento na execução do contrato (...)". Ou seja, para compensar eventual inadimplemento, o Estado pode justificar um aditivo, até mesmo com incremento de desembolso para pagar indenização, prorrogando um pouco o prazo contratual e sustentando preservação do "equilíbrio econômico-financeiro" da avença a fim de sair do artigo 65 e incidir no artigo 57, § 1º, da Lei nº 8.666/1993.

Outro caminho transverso usado na prática é o § 1º do próprio artigo 65, que autoriza a Administração a realizar acréscimos ou supressões no contrato até 25% do seu valor em caso de obras, serviços ou compras, e até 50% em caso de reformas. É transverso porque o Estado utiliza essa alternativa não para otimizar sua demanda, mas sim para compensar suas falhas sem ter de reconhecê-las. Em muitos casos, até mesmo os Tribunais de Contas são condescendentes e fazem vistas grossas às motivações de aditivos que respeitam esses limites percentuais.

Ou seja, o pensamento de que não é possível aditar um contrato público para indenizar o privado por inadimplemento da Administração prejudica a higidez da avença, que fica "engessada", e gera incentivos a estratagemas que, ao final, não se coadunam com o tão proclamado interesse público. E pior: ante o descumprimento contratual por parte do Estado, sobraria apenas a possibilidade de resolução da avença, nos termos do artigo 78 da Lei nº 8.666/1993, situação absolutamente contrária aos postulados do clássico princípio da conservação dos contratos.

Em contrato de obra, coube à contratada apresentar documentos técnicos de engenharia a serem aprovados pelo contratante público. Este deveria, ainda, autorizar a demolição de instalações e desocupar área onde se construiria canteiro. Na prática:

> A contratante descumpriu o subitem 8.8 do Edital, pois não aprovou o cronograma físico financeiro apresentado pela contratada. Não autorizou a demolição das atuais instalações do Centro Social dos Cabos e Taifeiros da Aeronáutica de Brasília – CCTAB e o posterior reaproveitamento dos materiais na nova sede. Não desocupou o Clube e não autorizou a ocupação imediata do Hotel de Trânsito para constituir canteiro provisório da obra.[44]

Um dos principais motivos para a conduta omissiva da Administração foi preocupação com o impacto social negativo que a demolição provocaria. Tal preocupação, porém, deveria ter sido trabalhada antes da celebração do contrato e da definição do escopo deste. O contratado privado, que participou do certame licitatório, mobilizou recursos para o projeto e se preparou para implementá-lo, não pode estar sujeito a uma reavaliação extemporânea das expectativas do Poder Público.

O TCU reconheceu tanto a aprovação tácita do cronograma (e poderia ter se utilizado do artigo 111 do Código Civil) como o inadimplemento da Administração em razão dos obstáculos criados à execução contratual:

> O silêncio da Administração a respeito do exame e aprovação do Cronograma Físico-Financeiro, submetido à apreciação da contratante previamente à subscrição do termo contratual (fl. 205, v. 1 do v. P), **implicou sua aprovação tácita**, como corretamente entendido pela empresa adjudicatária, uma vez que houve a celebração do contrato (fls. 206/225, v. 1 do v. P) e expedição

---

[44] TCU, AC-2569-36/10-P, Rel. Min. Valmir Campelo, j. 29/09/2010.

da Ordem de Serviço (fl. 226, v. 1 do v. P). **É defeso à Administração, por conseguinte, impedir a execução contratual nos moldes estabelecidos no aludido Cronograma**, dada a omissão da Contratante, que, em última análise, como apontado nos itens 10 a 17.2.1, retro, **representou descumprimento de Cláusulas Editalícia e Contratual**, o que, autoriza, em tese, **a rescisão contratual nos termos do art. 78, incisos I e IV, da Lei n. 8.666/93.**

Note-se que a consequência "em tese" do inadimplemento do contratante público seria a resolução do contrato. Porém, a Corte de Contas admitiu a possibilidade de ajuste na avença para viabilizar o objeto contratual:

> Dessa maneira, considerando eventual interesse das partes envolvidas em cumprir o objeto contratual (...), deve ser expedida determinação à Administração para que adote as medidas pertinentes ao exato cumprimento da lei, do edital e do contrato celebrado, consistentes, sobretudo, em:
>
> *a)* considerar tacitamente aprovado o Cronograma Físico-Financeiro apresentado pela empresa;
>
> *b)* **estabelecer os meios e demais condições necessários à execução contratual**, viabilizando a demolição das instalações atuais do CCTAB e o reaproveitamento dos materiais, nos termos previstos no Projeto Básico e na proposta de preços aprovada, **inclusive por meio de celebração de termo aditivo na hipótese de expiração do prazo contratual inicialmente firmado**;

A parte final é particularmente interessante, porque admite um aditivo mesmo na hipótese de o prazo contratual estar terminado. Trata-se de precedente valioso porque muitas vezes a Administração demora muito a analisar pleitos dos seus contratados e o contrato termina, havendo quem entenda não ser possível aditar contrato expirado. Esta decisão indica o contrário e orienta para a formalização de aditivo que equalize o inadimplemento do Poder Público. Com isso, evita os subterfúgios narrados acima e ainda preserva uma avença que continua útil para as partes contratantes.

Fica clara, pois, a relevância de não se confundir inadimplemento com reequilíbrio contratual, mesmo que alguns efeitos possam ser comuns a essas duas figuras. As hipóteses normativas são distintas e misturá-las prejudica análise precisa dos direitos e deveres das partes. Cabe ao privado também ter mais coragem para imputar ao público os respectivos inadimplementos, evitando circunlóquios que, na prática, comprometem a compreensão dos problemas contratuais.

3.3. Inadimplemento e função social do contrato

A relação mais difícil de ser estabelecida entre princípios contratuais e inadimplemento nos contratos públicos é com a função social do contrato. Este princípio, ainda obscuro, raramente é relacionado de forma precisa e técnica ao lado do assunto do descumprimento contratual. Costuma ser mencionado junto da boa-fé, e até do equilíbrio, como reforço de retórica em julgados que decidem interferir na estrutura das avenças alterando-as de alguma forma. Esse cenário deixa pouco espaço para reflexões concretas sobre o tópico deste item, mas não impede algumas ponderações.

Fixando-se o sentido da função social como utilidade concreta de um contrato, tal princípio pode bloquear condutas que a frustrem. Empresa em recuperação judicial, inadimplente em relação a encargos de seu contrato de concessão, pleiteia manutenção de posse das áreas concedidas alegando serem indispensáveis para a preservação de sua atividade empresarial. O pano de fundo é a função social da empresa que, de fato, cuida dos *stakeholders*, em especial os empregados. Na tese da recuperanda, manter as áreas é fundamental para sua reorganização empresarial.

Realizada ampla dilação probatória identificou-se, na verdade, que tais espaços estavam sem uso e que, mesmo se viessem a ser utilizados, suas dimensões eram muito maiores do que as necessidades e possibilidades econômicas da empresa. De outro lado, a conservação da posse das áreas pelo privado impedia que o Poder Concedente lhes conferisse destinação útil. Foi necessário, portanto, fazer cotejo entre a função social da empresa e a função social do contrato de concessão considerando, em particular, que o concessionário não vinha adimplindo seus compromissos financeiros previstos na avença. O Tribunal de Justiça do Estado de São Paulo, partindo dos fatos do caso, decidiu:[45]

> Nestas circunstâncias, não se entrevê a razão pela qual a VASP insiste em continuar na posse de todas as áreas aeroportuárias descritas nos autos, sem delas utilizar-se efetivamente e sem efetuar o pagamento das contraprestações devidas à INFRAERO, circunstância que, evidentemente, só aumenta o valor de seus estratosféricos débitos para com a INFRAERO, cujo valor, cada vez

[45] Agravo de Instrumento nº 499.815-4/0-00, Rel. Des. Pereira Calças, DJ 31/10/2007.

maior, acarretará, inevitavelmente, a impossibilidade de lograr o pagamento dos débitos concursais e extraconcursais. Não há, "data vênia", qualquer sentido lógico, jurídico ou econômico, em se permitir que a VASP fique na posse de todas as áreas dos aeroportos brasileiros especificados nos autos, sem nada pagar por elas, sem delas se utilizar efetivamente, pela simples perspectiva de que, logrando retornar em 2008 à operação de transporte de passageiros e cargas, e, desta forma, consiga implementar sua recuperação judicial.

O Superior Tribunal de Justiça, por sua vez, em abordagem mais principiológica, explora a função social como justificativa para extinção do contrato de concessão e não deferimento da pretensão possessória da concessionária:

> Nessa toada, carece a recorrente do direito de prosseguir ocupando os prédios aeroportuários, os estacionamentos e os hangares brasileiros, mostrando-se irretocável a decisão que sobrepôs o interesse econômico e social ao contrato firmado, porquanto notória a necessidade de urgente otimização do funcionamento do sistema aéreo nacional. Quanto aos interesses da empresa em recuperação judicial há mais de cinco anos, o julgado teve o cuidado de ressalvar a manutenção da posse pela recorrente, caso fosse comprovada a geração de receita, o que não ocorreu. Da mesma forma, não há como evitar a resolução ou a extinção do contrato de concessão de uso firmado entre a Vasp e a Infraero, pois, como exposto, ficou demonstrada a perda da função social do contrato decorrente de causas supervenientes (...). Acrescento que o enunciado nº 166 da III Jornada de Direito Civil, organizado pelo Conselho de Justiça Federal, versou acerca do princípio da função social do contrato da seguinte forma: Enunciado 166 – Arts. 421 e 422 ou 113: A frustração do fim do contrato, como hipótese que não se confunde com a impossibilidade da prestação ou com a excessiva onerosidade, tem guarida no Direito brasileiro pela aplicação do art. 421 do Código Civil.

Neste caso, a função social do contrato não foi utilizada para justificar seu inadimplemento, mas sim para fundamentar a extinção da avença, cujo fim restou frustrado. Além disso, no cotejo com a função social da empresa, prevaleceu a do contrato, na medida em que, frustrado este, não é possível utilizá-lo como escora para materialização daquela. Se o contrato não é mais performando tanto do ponto de vista de seu escopo (utilização efetiva de áreas pela concessionária) quanto no tocante à sua estrutura econômica (pagamento dos encargos pela concessionária), perdeu sua utilidade concreta e, portanto, não tem o condão de contribuir para a conservação da empresa e o alcance da função social desta.

O caso é particularmente importante por mostrar que os princípios contratuais podem também fortalecer o *pacta sunt servanda*, e não apenas relativizá-lo. A função social, aqui, tutelou o crédito, em vez de proteger o devedor inadimplente. O interessante é que tal tutela se deu via decisão pela extinção de um contrato, abrindo espaço para reflexão de que nem sempre o mais adequado é preservar a avença, em especial quando uma das partes atua, direta ou indiretamente, para frustrá-la.

Trata-se de exemplo raro de uso não pernicioso da função social do contrato. Fica a dúvida, porém, sobre se o resultado seria o mesmo caso a questão tivesse de ser decidida em favor do privado. Usar a função social para atender a uma pretensão do Estado é mais fácil para os julgadores, haja vista poderem contar sempre com o mais falacioso dos princípios, o interesse público, para ajudar na formatação de suas decisões. Já quando a função social tem de servir para bloquear determinada conduta da Administração Pública, por vezes falta coragem. Há, todavia, exemplos de decisões firmes em favor do privado, como o caso trabalhado no item II.3 acima.

3.4. Conclusão

Como se viu, os princípios contratuais esboçados no Código Civil têm influência relevante nos debates sobre inadimplemento dos contratos públicos. Tornam o assunto mais complexo na medida em que desmontam a sacralidade dessas avenças, tornando-as maleáveis e cada vez mais próximas dos negócios jurídicos privados.

A boa-fé permite discussões sobre adimplemento substancial do privado e abuso de direito do Estado. Os Tribunais verão com mais recorrência temas como (i) *venire contra factum proprium* (inclusive nas suas variações específicas de *suppressio* e *surrectio*) e (ii) as funções pretorianas da boa-fé (*adjuvandi, supplendi* e *corrigendi*) nas avenças públicas, e serão chamados a avaliar o oportunismo do Poder Público tal qual fazem em relação aos contratados privados. A decisão sobre o cumprimento ou não de um contrato nesse ambiente passará por ponderações muito semelhantes àquelas existentes nos negócios entre particulares.

O mesmo se seguirá em relação ao equilíbrio, quando a técnica jurídica for mais depurada para separar as hipóteses de eventos extraordinários e imprevisíveis daquelas de inadimplemento propriamente dito. Nesse campo haverá desdobramentos inclusive no âmbito da responsabilidade dos agentes que provocarem o descumprimento das avenças públicas.

Quanto à função social, as reflexões estão mais abertas, até pela imprecisão do princípio. Seu papel no inadimplemento será tão mais claro quanto mais solidificado for o entendimento de que função social é simplesmente utilidade concreta do negócio. Se o descumprimento frustrar essa utilidade, não deverá ser tolerado, cabendo ao princípio tutelar o crédito e resguardar o *pacta sunt servanda*.

Capítulo 4
Ensaio sobre o Nível de Influência do Direito Privado nos Contratos Públicos

Até agora foi possível identificar a aplicação, inquestionavelmente reconhecida por diversos Tribunais, do Direito Privado nos contratos públicos. A intensidade desse fenômeno vem crescendo na medida em que as estruturas contratuais vão se sofisticando e o Estado vai ajustando seu posicionamento na economia. Da Lei nº 8.666/1993 à Lei nº 11.079/2004, passando pela Lei nº 8.987/95 e pelo desenho de novas figuras em leis municipais como a concessão urbanística (Lei nº 14.917/2009, do Município de São Paulo), o jogo de forças entre público e privado varia, o que é acompanhado pelo Direito Privado. Tal jogo pode ser compreendido a partir do peso dos poderes conferidos ao Poder Público:[46]

> Nos contratos administrativos [na nossa visão, são somente aqueles regidos pela Lei nº 8.666/1993], o agente privado é mero executor de uma prestação material definida pelo ente público. Este fixa regras e diretrizes para que sua contraparte atue de modo quase autômato. O Estado dirige o contrato e dispõe de um regime jurídico exorbitante do direito comum (...). Ocorre que fora da Lei nº 8.666/1993 e, portanto, dos contratos administrativos, tal exorbitância não é tão evidente. O artigo 18, VII, da Lei nº 8.987/95, por exemplo, estabelece que os contratos de concessão deverão prever "os direitos e obrigações do poder concedente e da concessionária em relação a alterações e expansões a serem realizadas no futuro, para garantir a continuidade da prestação do serviço". Os poderes da Administração já não são tão livres como nos contratos administrativos: devem estar especificados na avença, como

---

[46] ZANCHIM, Kleber Luiz. **Contratos de Parceria Público-Privada**: Risco e Incerteza. São Paulo: Quartier Latin, 2012, pp. 77-79.

direitos e obrigações. Seu exercício possui uma condicionante importante: a garantia de continuidade da prestação do serviço. Portanto, a motivação do ato de alteração do contrato de concessão deve ser bem mais concreta do que o previsto na Lei nº 8.666/93, não sendo suficiente a invocação do fluido conceito de interesse público. (...) As PPPs, por sua vez, são um passo adiante na atribuição de áleas ao particular (...). Por isso, elas ficam mais distantes de um regime jurídico exorbitante e mais próximas do regime do direito comum.

Ou seja, a influência do Direito Privado nos contratos públicos é inegável, mas tem graus: será tanto maior quanto menor a interferência do Estado em determinada avença. A tabela abaixo é ilustrativa desse fenômeno, da menor para a maior influência do Direito Privado.

Tipo	Escopo	Riscos*
Obras/Serviços	Utilidade de curto prazo	Públicos
PPP	Empreendimento	Partilhados
Concessão Subvencionada	Empreendimento	Partilhados
Concessão Comum	Empreendimento	Privados
Concessão Urbanística	Empreendimento	Privados

* A referência aos Riscos refere-se à sua alocação natural em cada tipo de contrato. Admite-se, porém, que a equação seja ajustada, em particular dos contratos de PPP em diante, com maior ou menor carga sobre o Público ou o Privado.

Existe uma infinidade de contratos passíveis de serem firmados pelo Estado. A tabela, portanto, é uma simplificação: elege certos tipos contratuais que, para o fim ora proposto (identificação dos níveis de influência do Direito Privado), admitem generalização ou analogia a outros tipos. Serve, pois, como uma referência ao debate sobre a lógica da relação entre Direito Público e Direito Privado nos contratos de entes estatais.

Observe-se que há dois pontos de referência importantes na presente análise: (i) o escopo dos contratos e (ii) a alocação natural de seus riscos. O escopo ilustra a distância entre os contratos da Lei nº 8.666/1993 e os demais. Aqueles objetivam a entrega pelo privado ao Estado de determinada utilidade imediata, sem visão de continuidade da relação jurídica. Os que vêm depois organizam, por sua vez, empreendimentos em que o privado aloca capital e, por isso, deve manter-se vinculado ao negócio até obter retorno de seu investimento. Obra e serviço são pensados para terminar. Empreendimentos, para perdurar. Essa visão influencia a aplicação do Direito.

4.1. Contratos 8.666
Nas avenças da Lei nº 8.666/1993 ("Contratos 8.666"), o Estado é o condutor absoluto da relação jurídica. Age como um "comprador" que, de antemão, define as características de seu produto e o respectivo preço. Prova disso é o disposto no artigo 7º, § 2º, de referida Lei:

§ 2º As obras e os serviços somente poderão ser licitados quando:
I – houver projeto básico aprovado pela autoridade competente e disponível para exame dos interessados em participar do processo licitatório;
II – existir orçamento detalhado em planilhas que expressem a composição de todos os seus custos unitários;
III – houver previsão de recursos orçamentários que assegurem o pagamento das obrigações decorrentes de obras ou serviços a serem executadas no exercício financeiro em curso, de acordo com o respectivo cronograma;
IV – o produto dela esperado estiver contemplado nas metas estabelecidas no Plano Plurianual de que trata o art. 165 da Constituição Federal, quando for o caso.

Essa norma impõe ao contratante público a predefinição, com considerável detalhamento, do escopo do contratado privado. Projeto básico não é tão básico assim. Conforme artigo 6º, IX, da Lei nº 8.666/1993, tal documento deve trazer os elementos necessários e suficientes, com nível de precisão adequado, para caracterizar a obra ou serviço, ou complexo de obras ou serviços, com base em estudos técnicos preliminares, que assegurem viabilidade técnica e adequado tratamento do impacto ambiental do projeto e que possibilite a avaliação do custo da obra e a definição dos métodos e do prazo de execução, prevendo, para tanto, diversas informações.[47]

---

[47] "Projeto Básico – conjunto de elementos necessários e suficientes, com nível de precisão adequado, para caracterizar a obra ou serviço, ou complexo de obras ou serviços objeto da licitação, elaborado com base nas indicações dos estudos técnicos preliminares, que assegurem

Não bastasse isso, o Estado deve elaborar orçamento "detalhado" em planilhas com composição de "todos os seus custos unitários". Trata-se de um desenho completo do que se irá contratar. Consequência: praticamente todos os riscos recaem sobre o Poder Público. Ora, quem tem ingerência de tamanha ordem em um contrato, naturalmente carrega suas áleas mais relevantes. Não é por outra razão que os Contratos 8.666 são quase sempre objeto de pleitos e litígios de toda ordem, em especial por força de falhas do Estado que começam já na formatação da licitação e perduram por toda a gestão contratual. Os resultados são os tradicionais "estouros" de orçamento, obras de má qualidade ou até o abandono delas, além do alto índice de judicialização.

Nessas avenças o peso do Direito Público é, claramente, maior que o do Direito Privado, e assim precisa ser. A linguagem pública deve predominar, porque praticamente apenas o Estado se "comunica" na relação contratual. Quase não há diálogo, mas apenas um monólogo estatal. A vontade prevalecente é a do Leviatã. Portanto, o Direito Público conduz a história do contrato.

Há quem veja algo de positivo nisso. A experiência mostra, porém, que não é bom nem para o Estado nem para o particular. Os Contratos 8.666 são uma espécie de pré-história das relações público-privadas, menos pelas disposições legais e mais pela premissa que orienta essas avenças: a de que o Estado deve definir tudo, interferir em tudo e controlar tudo. Essa premissa simplesmente não adere à realidade. Os entes públicos não têm capa-

---

a viabilidade técnica e o adequado tratamento do impacto ambiental do empreendimento, e que possibilite a avaliação do custo da obra e a definição dos métodos e do prazo de execução, devendo conter os seguintes elementos: *a)* desenvolvimento da solução escolhida de forma a fornecer visão global da obra e identificar todos os seus elementos constitutivos com clareza; *b)* soluções técnicas globais e localizadas, suficientemente detalhadas, de forma a minimizar a necessidade de reformulação ou de variantes durante as fases de elaboração do projeto executivo e de realização das obras e montagem; *c)* identificação dos tipos de serviços a executar e de materiais e equipamentos a incorporar à obra, bem como suas especificações que assegurem os melhores resultados para o empreendimento, sem frustrar o caráter competitivo para a sua execução; *d)* informações que possibilitem o estudo e a dedução de métodos construtivos, instalações provisórias e condições organizacionais para a obra, sem frustrar o caráter competitivo para a sua execução; *e)* subsídios para montagem do plano de licitação e gestão da obra, compreendendo a sua programação, a estratégia de suprimentos, as normas de fiscalização e outros dados necessários em cada caso; *f)* orçamento detalhado do custo global da obra, fundamentado em quantitativos de serviços e fornecimentos propriamente avaliados".

cidade nem financeira nem técnica para delinear suas demandas, quando fogem do trivial. Além disso, sua burocracia cria entraves incríveis para a administração contratual. Mesmo quando consegue estruturar os documentos de uma licitação com qualidade, o contratante estatal tem dificuldade de gerir suas contratações, fundamentalmente em razão de, via de regra, não ter rotinas e procedimentos razoáveis e não conferir aos seus agentes os incentivos adequados para atuarem com o devido comprometimento.

Esse cenário provocou iniciativas de mudança no posicionamento do Estado em seus contratos. O Regime Diferenciado de Contratações Públicas (RDC) é um exemplo. Pensado a partir da deixa das obras da Copa do Mundo de 2014, foi sendo ampliado para quase todo tipo de avença estatal. A norma que o concebeu, Lei nº 12.462, de 04 de agosto de 2011, foi sucessivamente alterada e, na prática, pode substituir a Lei nº 8.666/1993 para as demandas públicas mais estratégicas.

Entre os principais propósitos do RDC está mudar o balanço contratual de riscos, alocando mais áleas para o privado ao mesmo tempo em que lhe dá mais espaço para preencher o conteúdo das avenças. O teor do projeto básico foi simplificado, apesar de ainda demandar certo detalhamento de informações. O regime da contratação integrada até dispensou o Estado de elaborar esse documento, transferindo o encargo ao privado, tal qual ocorre nas concessões. Foram introduzidos novos critérios de julgamento nas licitações como maior retorno econômico para o Estado, sugerindo a ideia de que o antagonismo entre público e privado pode dar lugar a um "ganha-ganha" no caso concreto.

Mesmo com tal reorientação, o artigo 39 da Lei nº 12.462/2011 pede regência da Lei nº 8.666/1993 aos contratos do RDC, "com exceção das regras específicas" desse regime diferenciado. Ou seja, as avenças continuam sendo contratos administrativos, com predominância do Direito Público.[48] Porém, há caminhos para mudança por conta de normas como o artigo 44-A da Lei nº 12.462/2011, que admite emprego dos mecanismos privados de resolução de disputas, inclusive arbitragem e mediação, para dirimir conflitos no RDC. Como o Direito Privado é bastante mais

---

[48] Enxergo, porém, uma exceção no contrato built to suit previsto no artigo 47-A, da Lei nº 12.462/2011, que entendo ser um contrato privado da Administração. Sobre o tema, ver item IV.5 abaixo.

orientado à solução de litígios que o Direito Público, porque é mais adaptável às especificidades contextuais e fomenta a paridade de forças entre os litigantes, com o tempo é provável que a interpretação, os princípios e o inadimplemento das avenças do RDC sejam cada vez mais debatidos com base em regras do Código Civil.

Em resumo, nos contratos administrativos (ilustrados por Lei nº 8.666/1993 e RDC), o Estado projeta e gasta, cabendo ao privado simplesmente entregar-lhe, no menor prazo possível, determinada utilidade. Quanto mais rápido o contrato for concluído, melhor para os contratantes. O fator tempo é indesejado: as partes não querem permanecer vinculadas além do mínimo necessário. Trata-se de avenças com clara polarização de interesses e, portanto, com alto potencial de conflito.

Um dos grandes tópicos ainda conflituosos é a diferença entre contratos a preço global e a preço unitário. No contrato a preço global a execução ocorre mediante remuneração por valor certo e total, nos termos do artigo 6º, VIII, "a", da Lei nº 8.666/1993. Não se confunde com contrato a preço unitário, em que se executa obra ou serviço por unidades determinadas, nos termos do artigo 6º, VIII, "b", daquela Lei.

Os contratos diferenciam-se basicamente pela causa do pagamento. Enquanto no preço unitário os pagamentos são decorrentes de medições das unidades de serviços, remuneradas pelos respectivos valores unitários, no preço global os pagamentos são feitos obedecendo o cronograma físico-financeiro da obra ou serviço, consolidado pelas medições de avanço do projeto.

Ou seja, no contrato a preço global mede-se o resultado. Já no a preço unitário, medem-se as quantidades. No primeiro, o importante é a utilidade entregue ao Estado, independentemente dos quantitativos empregados na execução. No segundo, importa exatamente o número de itens aplicados na atividade. A opção por um ou outro depende do detalhamento de projeto que o Poder Público consegue alcançar na licitação e dos riscos que espera correr. No preço unitário, o Estado corre o risco de quantidade, de modo que se determinada intervenção demandar o emprego de mais itens, o erário terá de custear. No preço global as quantidades são risco do privado, de modo que cabe a ele custear eventual excedente de materiais ou serviços.

Assim, as maneiras de administrar as avenças são diferentes. No preço unitário, a medição que orienta os pagamentos pelo contratante deve conter a quantidade de itens empregados no caso e remunerar o contratado por isso. Se os projetos básico e executivo forem eficientes, a Administração Pública pode até capturar economias resultantes da utilização de menos itens na obra ou serviço. Já no preço global a medição deve acompanhar somente o avanço da obra ou serviço conforme cronograma, independentemente da quantidade de itens utilizados. Nessa hipótese, se o privado for eficiente e conseguir o avanço programado fazendo uso de menos quantidades, capturará as economias.

Conflitos existem quando o Estado quer medir contratos a preço global indagando sobre as quantidades efetivamente incorporadas na obra ou serviço. Na maioria das vezes haverá divergência, porque o particular, quando estuda uma licitação e formula seu preço, leva em consideração sua capacidade de otimizar a construção fazendo mais com menos. Logo, o agente público tenderá a encontrar menos material e mão de obra do que as planilhas do certame sinalizam. Não há, todavia, qualquer problema nisso. Essa é a natureza do contrato a preço global. Como o risco de quantidade fica com o privado (diferentemente do preço unitário, em que fica com o público), eventual ganho de eficiência também será dele, por medida de equilíbrio contratual. Importa para o Estado apenas que a obra ou o serviço estejam prontos de forma segura, independentemente da quantidade de pregos ou parafusos aplicados. Se, por exemplo, um engenheiro, que assume responsabilidade técnica, conseguir implementar edificação com solidez e segurança recorrendo a menos materiais, a empreitada a preço global estará atendida.

A compreensão dessa dicotomia entre preço unitário e preço global já induz por si só a introdução de lógica privada de raciocínio nos contratos administrativos. Por isso, apesar do protagonismo do Direito Público, o Direito Privado estará sempre à espreita para atuar na composição das divergências nessas avenças.

4.2. PPPs

Se os contratos administrativos são a pré-história da contratação pública, as PPPs são o que há de mais sofisticado nas relações entre Estado e iniciativa privada. Configuram um tipo de concessão, mas, diferentemente das concessões comuns, em que, via de regra, somente o privado aloca capital, aglutinam recursos públicos e privados. Por isso, requerem uma matriz de risco que esteja ao mesmo tempo distante dos Contratos 8.666, em que as áleas são majoritariamente públicas, e das concessões comuns, que são carregadas pelo particular. A sofisticação do contrato está nesse desafio de partilhar os riscos de forma saudável entre os contratantes.

Talvez esteja nas PPPs o balanço mais difícil entre Direito Público e Direito Privado. O primeiro tem incidência importante porque o Estado aporta dinheiro e assume riscos no empreendimento, o que lhe traz impactos financeiros e orçamentários. O segundo também atua com força porque o privado, apesar de contar com a colaboração do Poder Público, costuma ser o motor do projeto, tendo de modelar a estrutura de capital mais eficiente e administrar um conjunto complexo de riscos para conseguir extrair rentabilidade do negócio.

A Lei nº 11.079/2004 trouxe alguns temas que demandam a coexistência do Direito Público e do Direito Privado nas PPPs, em especial por diminuírem a distância de poder e de relevância entre os parceiros público e privado. O artigo 5º exemplifica ao determinar que as avenças contenham, entre outras disposições, (i) as penalidades aplicáveis ao Estado e ao parceiro privado em caso de inadimplemento contratual, fixadas sempre de forma proporcional à gravidade da falta cometida e às obrigações assumidas, (ii) a repartição de riscos entre as partes e (iii) os fatos que caracterizem a inadimplência pecuniária do parceiro público, os modos e o prazo de regularização e, quando houver, a forma de acionamento da garantia.

As garantias, aliás, são a principal porta de entrada do Direito Privado, porque se regulam essencialmente por este como penhor, alienação fiduciária, seguros etc. Como as garantias são o capítulo mais relevante das PPPs, pois sem elas não há projeto (culpa do regime de precatórios brasileiro, que libera o Estado para ser um inadimplente contumaz), o Direito Privado acaba interferindo na essência das avenças.

As PPPs são, acima de tudo, empreendimentos que demandam convivência de longo prazo entre os parceiros público e privado. O tempo de vigência não é apenas necessário para alcance do escopo contratual, mas também desejado pelos contratantes para que cada qual obtenha do contrato todos os benefícios projetados desde a licitação. A palavra parceria não está sem razão na denominação do contrato. Sua efetivação depende, porém, de um ajuste na cultura de contratação pública: os agentes precisam entender que, nesse tipo de avença, o Estado, apesar de investir e assumir riscos, não é maior do que o privado.. Seus poderes estarão limitados ao texto e ao contexto do contrato, o que requer um posicionamento mais de Hermes do que de Leviatã.[49]

Um empreendedor, para ser bem-sucedido, precisa desenvolver a capacidade de enxergar os problemas com a devida abrangência e de fazer articulações orientadas para solucioná-los. O modelo mental estatizante, calçado no rigor cego da lei e na primazia do interesse público, não tem lugar nas PPPs. Assim, para a disseminação desta figura jurídica, o Estado terá de buscar o equilíbrio entre ser um centro de exercício de poder e um *player* de mercado. Será ao mesmo tempo regulador e regulado. Investidor e *controller* do investimento. Parte obrigada ao cumprimento de determinada obrigação e julgador sobre o adequado adimplemento do contrato. E, por fim, aplicador e, simultaneamente, sujeito, tanto do Direito Público quanto do Direito Privado.

Em resumo, nas PPPs o Estado e o particular se vinculam quase por *affectio societatis*, partilhando riscos e obrigações em nome de um empreendimento relevante. Estão muitas vezes em paridade de forças e compromissos. Por isso, o regime jurídico do contrato necessariamente sorverá influências dos Direitos Público e Privado. A medida tenderá a depender do papel de cada parte no contrato: quanto mais Estado, mais Direito Público; quanto menos, mais Direito Privado.

Nas PPPs os contratos não precisam envolver necessariamente serviços públicos, podendo abranger atividades de interesse coletivo.[50] Assim, é possível, por exemplo, modelar um *built to suit*[51] por meio de PPP, viabilizando que o Estado acesse edificações mais ajustadas às suas demandas. Nesse formato, o Direito Privado terá forte influência por se tratar de uma operação imobiliária que conta, inclusive, com previsão na Lei nº 8.245, de 18 de outubro de 1991 (Lei de Locações):

> Art. 54-A. Na locação não residencial de imóvel urbano na qual o locador procede à prévia aquisição, construção ou substancial reforma, por si mesmo ou por terceiros, do imóvel então especificado pelo pretendente à locação, a fim de que seja a este locado por prazo determinado, prevalecerão as condi-

---

[49] Ver Introdução desta obra.
[50] Em especial por força do artigo 2º, §2º, da Lei nº 11.079/2004: § 2o Concessão administrativa é o contrato de prestação de serviços de que a Administração Pública seja a usuária direta ou indireta, ainda que envolva execução de obra ou fornecimento e instalação de bens.
[51] Ver comentários mais específicos sobre *built to suit* na conclusão deste capítulo.

ções livremente pactuadas no contrato respectivo e as disposições procedimentais previstas nesta Lei.

A própria Lei nº 8.666/1993, anteparo geral dos contratos públicos, admite a predominância do Direito Privado nesse tipo de ajuste.[52] O *built to suit* seria, pois, um caso de PPP com menos presença do Estado e mais do particular, abrindo espaço para as normas privadas definirem as reflexões sobre interpretação, princípios e inadimplemento.

4.3. Concessão Comum e Concessão Subvencionada

A concessão comum foi o primeiro movimento na história legislativa brasileira recente que reconheceu a incapacidade do Estado de atender a todas as necessidades da sociedade. Pode-se dizer que tal reconhecimento foi rápido, porque a Lei nº 8.987/1995 veio pouco tempo depois da Lei nº 8.666/1993. Enquanto nesta a Administração Pública tem o papel de promotor do desenvolvimento, naquela isso compete ao privado.

Na concessão comum apenas o particular aloca capital em empreendimento a ser desenvolvido por "sua conta e risco", conforme incisos II e III do artigo 2º da Lei nº 8.987/1995:

> II – concessão de serviço público: a delegação de sua prestação, feita pelo poder concedente, mediante licitação, na modalidade de concorrência, à pessoa jurídica ou consórcio de empresas que demonstre capacidade para seu desempenho, por sua conta e risco e por prazo determinado;
>
> III – concessão de serviço público precedida da execução de obra pública: a construção, total ou parcial, conservação, reforma, ampliação ou melhoramento de quaisquer obras de interesse público, delegada pelo poder concedente, mediante licitação, na modalidade de concorrência, à pessoa jurídica ou consórcio de empresas que demonstre capacidade para a sua realização, por sua conta e risco, de forma que o investimento da concessionária seja remunerado e amortizado mediante a exploração do serviço ou da obra por prazo determinado.

---

[52] Art. 62. § 3º Aplica-se o disposto nos arts. 55 e 58 a 61 desta Lei e demais normas gerais, no que couber: I - aos contratos de seguro, de financiamento, de locação em que o Poder Público seja locatário, e aos demais cujo conteúdo seja regido, predominantemente, por norma de direito privado;

Ora, se caberá ao concessionário investir e correr o risco, o Direito Privado terá de ser sua principal referência no contrato de concessão. Sobra ao Direito Público organizar a fiscalização, nos termos do artigo 3º da Lei nº 8.987/1995: "As concessões e permissões sujeitar-se-ão à fiscalização pelo poder concedente responsável pela delegação, com a cooperação dos usuários". Não se espera que o Poder Concedente pretenda interferir na avença além do mínimo necessário para, por exemplo, preservar o serviço adequado (artigo 6º) e uma estrutura tarifária consistente (artigo 9º), medidas que resumem suas incumbências definidas pela Lei (artigo 29). Somente em casos extraordinários intervirá na concessão (sempre com foco no serviço adequado, à luz do artigo 32) ou a extinguirá (artigo 35).

Desse modo, o comando do empreendimento fica a cargo do privado. Na maior parte dos casos cabe a este até mesmo fazer o projeto básico das obras, assumindo as respectivas áleas. O Poder Concedente oferece apenas diretrizes gerais sob a forma de anteprojetos ou desenhos conceituais, eximindo-se dos riscos de propor especificidades que, depois, possam trazer-lhe consequências patrimoniais indesejadas. O privado projeta, busca os recursos necessários, investe e opera. Se for competente, obtém retorno. Se não, sofre prejuízos. O negócio tem a essência de uma atividade privada, com a peculiaridade de ser delegada pelo Estado.

Essa peculiaridade não é, porém, desprezível, e provoca muitos embates entre público e privado nas concessões. Os principais dizem respeito a reajustes de tarifas. Não é incomum que o Poder Público, em razão das agendas políticas, crie empecilhos ao reposicionamento tarifário dos concessionários, ensejando litígios. Outra sorte de conflitos envolve expansões dos empreendimentos. Em vários casos a Administração Pública demanda investimentos complementares sem assegurar ao privado o equilíbrio econômico-financeiro do contrato. Nessas lides, rotineiramente aparece o apelativo interesse público, que deve ser contrabalançado pela lógica privada do investimento. Aí participa o Direito Privado para amainar as pressões estatais e conduzir as discussões por caminhos que respeitem as premissas da avença.

Na esteira de outras reflexões acima, o peso do Direito Privado mudará nas concessões quando o Estado for chamado a ser mais ativo no projeto. É a hipótese das concessões subvencionadas. Por algum tempo questionou-se se uma concessão poderia contar com recursos públicos. O principal argumento contrário vinha da expressão por "conta e risco" do artigo 2º, II e III, da Lei nº 8.987/1995. Se o concessionário deve realizar o empreendimento "por sua conta e risco", o Estado não poderia contribuir com recursos. Para fazê-lo teria de modelar uma PPP. Esse argumento foi superado por duas razões: (i) aportes estatais não desnaturam o conceito de "conta e risco" da concessão comum e (ii) a subvenção está prevista e autorizada em outras normas que convivem com a Lei nº 8.987/1995.

Referida Lei estabelece que o concessionário deve dar conta de um investimento e que este está sujeito ao risco de ser remunerado pela exploração do serviço ou da obra concedidos. Não há obrigação, porém, de que todo o investimento na concessão seja realizado pelo privado. Da mesma forma, não está vedado que o Estado invista no empreendimento. Ou seja, o que corre por conta e risco do concessionário são os aportes que ele fizer no projeto, nada impedindo que o Poder Concedente também aporte e, por isso, corra riscos relacionados ao seu capital.

A concessão prevê investimentos privados, às expensas do concessionário, e seu retorno está sujeito às áleas que o contrato estipular. Mas a mesma concessão pode contemplar investimentos públicos, que não modificam a "conta e risco" do concessionário, o qual permanece dependendo do sucesso do projeto para rentabilizar o seu dinheiro. Acontece que o Estado contribui com recursos e, como o privado, fica também com sua "conta e risco". Trata-se de um co-investimento perfeitamente possível e equilibrado: cada parte suporta os ônus e se apropria dos bônus de sua participação no empreendimento. A Lei nº 8.987/1995 não impõe participação financeira exclusiva do concessionário. Reforço a esse pensamento vem do artigo 124, § único, da Lei nº 8.666/1993:

> As exigências contidas nos incisos II a IV do § 2º do art. 7º serão dispensadas nas licitações para concessão de serviços com execução prévia de obras em que não foram previstos desembolso por parte da Administração Pública concedente.

A regra dispensa o concedente de ocupar-se dos custos do projeto e de previsões orçamentárias a ele relativas quando não for previsto desembolso de recursos públicos. A *contrario sensu*, portanto, a norma considera concessões em que possa haver desembolsos estatais. Trata-se de autorização legislativa expressa para o co-investimento referido acima, desde que observadas as disposições do citado artigo 7º da Lei nº 8.666/1993.

Na concessão subvencionada, o Estado assemelha-se a um sócio de capital do privado. Aporta recursos cujo tratamento contábil e fiscal aproxima-se do conferido ao *equity*, a fim de facilitar (e, em alguns casos, viabilizar) a constituição do bem da concessão, que lhe será revertido ao término da avença.

Essa estrutura separa concessão subvencionada da PPP. Na primeira, o Poder Público tem posição de "investidor" no ativo da concessão. Na última, paga uma contraprestação por determinado serviço. Ainda que nas PPPs exista também a possibilidade de aporte de recursos *alla equity*,[53] o que as qualifica é a contraprestação, inexistente nas concessões subvencionadas. Apesar das diferenças, nesses dois tipos contratuais a convivência entre Direito Público e Direito Privado é mais crítica, porque Estado e particular interagem com intensidade. Desse modo, se pode haver clareza da relevância do Direito Privado nas concessões comuns, nas subvencionadas o Direito Público volta com mais força. A carga dependerá do nível de interferência estatal no negócio.

4.4. Concessão Urbanística

Concessão urbanística é instrumento de delegação de área determinada a particular para realização de obras de infraestrutura recebendo, em contrapartida, direitos de exploração do potencial imobiliário local. Nesse modelo, os riscos de obra e de desenvolvimento imobiliário ficam concentrados no privado, que terá seus investimentos remunerados por meio da implantação de edificações, nos termos do contrato de concessão.

O Município de São Paulo foi pioneiro no assunto com a Lei Municipal nº 14.917, de 07 de maio de 2009, que assim definiu a concessão urbanística:

> A concessão urbanística constitui instrumento de intervenção urbana estrutural destinado à realização de urbanização ou de reurbanização de

---

[53] Artigo 6º, §2º, da Lei nº 11.079/2004: O contrato poderá prever o aporte de recursos em favor do parceiro privado para a realização de obras e aquisição de bens reversíveis, nos termos dos incisos X e XI do caput do art. 18 da Lei no 8.987, de 13 de fevereiro de 1995, desde que autorizado no edital de licitação, se contratos novos, ou em lei específica, se contratos celebrados até 8 de agosto de 2012. Sobre o tema, cf. ZANCHIM, Kleber Luiz. Aporte de Recursos nas Parcerias Público-Privadas – Contabilização e Aspectos Fiscais. In: DAL POZZO, Augusto Neves; VALIM, Rafael; AURÉLIO, Bruno; FREIRE, André Luiz. (Org.). **Parcerias Público-Privadas**: Teoria geral e aplicação nos setores de infraestrutura. 1ª ed. Belo Horizonte: Editora Fórum, 2014, v. 1, p. 91-110.

parte do território municipal a ser objeto de requalificação da infraestrutura urbana e de reordenamento do espaço urbano com base em projeto urbanístico específico em área de operação urbana ou área de intervenção urbana para atendimento de objetivos, diretrizes e prioridades estabelecidas na lei do plano diretor estratégico.

A figura cabe bem para regiões com situação fundiária complexa (vários proprietários, dúvidas de ordem registral etc.). Isso porque um dos núcleos da concessão urbanística é a desapropriação que, como modo originário de aquisição de propriedade, deixa os imóveis liberados para receber futuros empreendimentos.

O grande desafio desse tipo de iniciativa é a modelagem imobiliária. O empreendedor tem de custear as desapropriações e todas as obras de revitalização. Recuperará seu investimento se conseguir comercializar, com sucesso, os ativos imobiliários resultantes. Há riscos de mercado muito relevantes, não apenas do ponto de vista da demanda, mas também do financiamento ao adquirente e de conjunturas macroeconômicas. Assim, o empreendedor precisa ter o perfil do que se chama *patient capital*, ou "dinheiro paciente", que significa visão de longo prazo em relação ao resultado econômico do empreendimento.

O modelo foi inaugurado no município de São Paulo no projeto denominado Nova Luz (Lei Municipal nº 14.918, de 07 de maio de 2009), que não se materializou devido a resistências políticas. Referida lei foi objeto de Ação Civil Pública, Ação Popular e Ação Direta de Inconstitucionalidade, nas quais associações e movimentos de comerciantes do bairro Santa Efigênia questionaram a constitucionalidade do projeto. O Tribunal de Justiça de São Paulo permitiu o avanço da licitação, mas o Município resolveu não prosseguir.

O Direito Privado é essencial na concessão urbanística por conta do formato da exploração imobiliária (incorporação, loteamento, etc.), a qual tem natureza privada. O Direito Público tem peso na desapropriação e em questões urbanísticas, as quais, muitas vezes, são público-privadas, sendo as normas publicistas de incidência mais localizada no início do empreendimento, quando são definidas as linhas gerais do projeto. Se o Estado não assumir riscos, a vida contratual será orientada pelos interesses e decisões do particular, respeitado o quadro de ônus e obrigações impostos na avença.

4.5. Conclusão: Contratos Públicos e Contratos Privados do Estado

Como conclusão deste ensaio coloco mais luz sobre o fato de que o Estado celebra tanto contratos públicos como contratos privados. Nos primeiros, o Direito Privado incidirá sim, com graduação dependente da maior ou menor participação do ente estatal na relação contratual. Nos últimos, o Direito Público incidirá sim, mas somente no que for aplicável, respeitada a predominância das regras privatistas.

Os fundamentos legais mais claros desse posicionamento já foram trabalhados acima: artigos 54 e 62, § 3º, I, da Lei nº 8.666/1993. O artigo 54 refere-se aos contratos públicos da Administração, que são regrados, *supletivamente*, pelos princípios da teoria geral dos contratos e pelas disposições de direito privado. Já o artigo 62, § 3º, I, trata dos contratos privados do Estado, cujo conteúdo é, *predominantemente*, regulado pelo Direito Privado, aplicando-se as regras publicitas apenas "no que couber".

Retomando o afirmado no item I.1 *supra*, as regras de Direito Privado aplicam-se sempre aos contratos públicos, mas as regras de Direito Público não se aplicam aos contratos firmados apenas por entes privados. Em complemento vale dizer que, para alguns contratos, a despeito de uma das partes ser o Estado, o Direito Privado comandará.

O contrato *built to suit*, já mencionado no item IV.2, pode ser típico contrato privado da Administração Pública quando celebrado com base no artigo 47-A da Lei nº 14.462/2011:

> Art. 47-A. A administração pública poderá firmar contratos de locação de bens móveis e imóveis, nos quais o locador realiza prévia aquisição, construção ou reforma substancial, com ou sem aparelhamento de bens, por si mesmo ou por terceiros, do bem especificado pela administração.
>
> § 1º A contratação referida no caput sujeita-se à mesma disciplina de dispensa e inexigibilidade de licitação aplicável às locações comuns.
>
> § 2º A contratação referida no caput poderá prever a reversão dos bens à administração pública ao final da locação, desde que estabelecida no contrato.
>
> § 3º O valor da locação a que se refere o caput não poderá exceder, ao mês, 1% (um por cento) do valor do bem locado.

O contrato *built to suit* é aquele por meio do qual o empreendedor (i) identifica um terreno em localização estratégica, (ii) elabora os projetos de construção observando demandas específicas do futuro usuário, (iii) realiza a obra às suas expensas e (iv) recupera seu investimento no longo prazo mediante pagamentos realizados pelo ocupante do edifício.

O objetivo do empreendedor é reaver o capital investido com determinada rentabilidade. Portanto, o contrato precisa estipular garantias para as obrigações de pagamento do usuário e penalidades em caso de inadimplemento. Além disso, o prazo do contrato é um dado crítico: se a avença não for até o final, o empreendedor não conseguirá o resultado econômico esperado. O *built to suit* exige, pois, flexibilidade na definição de seu conteúdo. Por isso, o artigo 54-A, da Lei nº 8.245/91 é expresso ao estipular que "prevalecerão as condições livremente pactuadas no contrato respectivo":

> Art. 54-A. Na locação não residencial de imóvel urbano na qual o locador procede à prévia aquisição, construção ou substancial reforma, por si mesmo ou por terceiros, do imóvel então especificado pelo pretendente à locação, a fim de que seja a este locado por prazo determinado, prevalecerão as condições livremente pactuadas no contrato respectivo e as disposições procedimentais previstas nesta Lei.

A norma ainda autoriza, em seu § 1º, a renúncia ao direito de revisão dos valores dos aluguéis, para assegurar o empreendedor em relação ao fluxo de caixa de projeto. Por fim, no § 2º, permite que a multa por extinção antecipada do contrato corresponda à soma dos valores dos aluguéis a receber até o termo final do negócio. Sem esses mecanismos, é praticamente impossível que alguém se aventure nesse tipo de empreendimento.

Tais dispositivos são aplicáveis ao Estado? Têm de ser. O *built to suit* é um contrato cujo conteúdo é regido "predominantemente" por norma de Direito Privado, na dicção do artigo 62, § 3º, I, da Lei nº 8.666/1993.[54] Não é um contrato administrativo sobre o qual as regras privatistas incidem supletivamente por força do artigo 54 da mesma Lei. Ao contrário, é o Direito Privado que confere todos os contornos do ajuste, cabendo ao Direito Público aplicação residual "no que couber". Não existe qualquer espaço para exorbitâncias como alteração unilateral. O pacto é privado e as partes estão em paridade.

---

[54] Sem entrar na discussão sobre se *built to suit* é locação, o citado inciso I menciona expressamente entre os contratos privados do Estado os de "locação em que o Poder Público seja locatário".

Assim, a Administração terá de oferecer garantia às suas obrigações, aceitar as penalidades contratuais por inadimplemento e ter clareza da impossibilidade de resolver a avença *ante tempus* sem arcar com os ônus financeiros correspondentes.

Pela especificidade, não é difícil compreender a primazia do regime jurídico privado no *built to suit*. O raciocínio pode, porém, expandir-se a partir da seguinte pergunta: considerando que o artigo 62, § 3º, I, da Lei nº 8.666/1993 traz o texto "aos demais contratos cujo conteúdo seja regido, predominantemente, por norma de direito privado", quais contratos estariam fora dessa hipótese e, portanto, teriam o Direito Público na dianteira? Resposta factível: somente aqueles contemplados com profundidade nas normas publicistas, entre os quais estão compra e venda, empreitada e prestação de serviços. Toda a outra gama de avenças se assentaria no Direito Privado. Basta olhar a quantidade de contratos regulados especificamente no Código Civil além daqueles enumerados no artigo 62, § 3º, I, da Lei nº 8.666/1993 (ex. comodato, depósito, mandato, agência e distribuição, corretagem, transporte, fiança etc).

Por essa perspectiva, e tendo em vista a sofisticação das demandas da sociedade associadas à atual posição do Estado brasileiro de um gigante que de tudo participa, não é incorreto afirmar que existe mais espaço para o Direito Privado do que para o Direito Público nos contratos da Administração. A infinidade de tipos contratuais diferentes dos previstos nas normas publicistas atrai incidência do artigo 62, § 3º, I, da Lei nº 8.666/1993 com altíssima recorrência. Isso não é percebido de forma clara em razão da resistência dos administrativistas clássicos e, por consequência, dos agentes públicos tradicionais.

Ocorre que essa conclusão não deveria assustar. Afinal, contrato é figura de Direito Privado. Este constrói há dois milênios a essência dos tipos e das categorias contratuais, tanto na essência quanto na forma. É geral para qualquer espécie de contratante, inclusive o Estado, e específico para cada avença. Ou seja, é *ratione materiae*: aplica-se sempre que a matéria for contrato.

O Direito Público, a seu turno, é *ratione personae*: cabe toda vez que a Administração fizer parte de uma relação jurídica. Sua força dependerá precisamente da matéria em jogo: se o assunto for contrato, terá de conviver com o Direito Privado. Este será supletivo se alguma norma publicista tiver regulado a avença na essência e na forma; nos demais casos, será predominante. Como a tipologia contratual tende a avençar mais rápido no Direito Privado do que no Direito Público, é natural que aquele tenha mais espaço que este, mesmo quando o Estado seja parte do negócio jurídico.

Em algum momento haverá mais clarividência sobre a absoluta coesão do sistema jurídico no âmbito dos contratos públicos, com cada vez menos distanciamento dogmático entre os ramos público e privado. A evolução do Estado brasileiro terá de caminhar para diminuí-lo em relação à sociedade, passando esta a ser protagonista do desenvolvimento econômico e social. Este não é um debate sobre Estado mínimo, mas sim sobre o "empoderamento" das forças privadas na ocupação de espaços em que não faz sentido o Poder Público atuar.

Um equilíbrio de forças entre a máquina estatal e o corpo social transmudará o Leviatã para Hermes e o colocará no mesmo nível do Indivíduo. O Direito terá de acompanhar esse movimento, dessacralizando a Administração e agregando musculatura ao Administrado. Os ramos Público e Privado passarão a ser, apenas, Direito, ensinados, aprendidos e aplicados em conjunto, sem rivalidade. No final tudo não passa de simples ferramental para pacificar a nossa já tão dura convivência cotidiana.

REFERÊNCIAS

AKERLOF, George A. The Market for "Lemons": Quality Uncertainty and the Market Mechanism. The Quarterly Journal of Economics, v. 84, issue 3 (Aug., 1970), pp. 488-500.

JUNQUEIRA DE AZEVEDO, Antônio. Negócio Jurídico: Existência, Validade e Eficácia. São Paulo: Saraiva, 2002.

LAZZARINI, Sérgio. Capitalismo de Laços: os donos do Brasil e suas conexões. Rio de Janeiro: Elsevier, 2011, 4a. tiragem.

NERY, Ana Rita de Figueiredo. A Causa do Contrato Administrativo: Análise do Conteúdo Contatual como Parâmetro de Aplicação do Princípio da Eficiência. Rio de Janeiro: Lumen Juris, 2011, p. 63.

SUNDFELD, Carlos Ari. Direito Administrativo para Céticos. São Paulo: Malheiros, 2012.

ZANCHIM, Kleber Luiz. O Contrato e seus Valores. In: Antonio Jorge Pereira Júnior e Gilberto Haddad Jabur. (Org.). Direito dos Contratos II. São Paulo: Quartier Latin, 2008, pp. 252-272.

___. Direito Administrativo e Direito Privado: Estado, Hermes e Leviatã, in: Carta Forense, 14/06/2010, disponível em http://www.cartaforense.com.br/conteudo/artigos/direito-administrativo-e-direito-privado-estado-hermes-e-leviata/5706.

___. Contratos Empresariais: Categoria – Interface com Contratos de Consumo e Paritários – Revisão Judicial. São Paulo: Quartier Latin, 2012.

___. Contratos de Parceria Público-Privada: Risco e Incerteza. São Paulo: Quartier Latin, 2012.

___. (coord.). Concessão de Rodovias: Aspectos Jurídicos, Econômicos e Institucionais. São Paulo: Quartier Latin, 2013.

___. Cada contrato tem uma função social. Valor Econômico, 27.05.2013.

___. Aporte de Recursos nas Parcerias Público-Privadas – Contabilização e Aspectos Fiscais. In: DAL POZZO, Augusto Neves; VALIM, Rafael; AURÉLIO, Bruno; FREIRE, André Luiz. (Org.). Parcerias Público-Privadas: Teoria geral e aplicação nos setores de infraestrutura. 1ª ed. Belo Horizonte: Editora Fórum, 2014, v. 1, p. 91-110.

ÍNDICE

APRESENTAÇÃO — 5
INTRODUÇÃO — 9

CAPÍTULO 1 – INTERPRETAÇÃO DOS CONTRATOS — 17

CAPÍTULO 2 – BOA-FÉ, EQUIÍBRIO E FUNÇÃO SOCIAL DOS CONTRATOS — 43

CAPÍTULO 3 – INADIMPLEMENTO DAS OBRIGAÇÕES CONTRATUAIS — 65

CAPÍTULO 4 – ENSAIO SOBRE O NÍVEL DE INFLUÊNCIA DO DIREITO PRIVADO NOS CONTRATOS PÚBLICOS — 77

REFERÊNCIAS — 95
ÍNDICE — 97